출판
기획의
한계를
넘어

북즐 활용 시리즈 17

출판기획의
한계를 넘어

북줄 활용 시리즈 17 ────────────────

출판기획의
한계를 넘어

펴 낸 날 초판 1쇄 2023년 4월 25일
────────────────────────────────

지 은 이 이시우
펴 낸 곳 투데이북스
펴 낸 이 이시우
교정 · 교열 김지연
삽   화 이상호
편집 디자인 박정호
출판등록 2011년 3월 17일 제307-2013-64호
주   소 서울특별시 성북구 아리랑로 19길 86, 상가동 104호
대표전화 070-7136-5700 팩스 02) 6937-1860
홈 페 이 지 http://www.todaybooks.co.kr
도서목록 https://todaybooks.wixsite.com/todaybooks
페이스북 http://www.facebook.com/todaybooks
전자우편 ec114@hanmail.net

ISBN 979-11-978920-4-2 03010

17
북줄
활용 시리즈

출판 기획의 한계를 넘어

이시우 **지음**

투데이북스
TodayBooks

이 책은 출판기획을 처음 시작하는 분들에게 권하고 싶은 책이다.

출판기획을 오랫동안 해온 분들도 있을 것이고 이제 막 시작하는 분들도 있을 것이다. 출판기획은 모두에게 어려운 일이다. 즉, 오랫동안 했다고 쉬운 일은 아니라는 것이다.

이 책에는 필자가 기획해서 만든 책들의 출판기획 경험을 바탕으로 출판기획을 설명했다. 필자의 경험을 바탕으로 쓴 책이므로 독자들은 간접 경험을 할 수 있을 것이다. 나아가 이 책을 읽는 독자의 출판기획에 대한 한계를 넘을 수 있도록 도움이 되면 좋겠다. 책에서 새로운 아이디어를 발견하는 것은 독자의 몫이다.

필자의 첫 기획은, 정확히 말하면 첫 기획이 아니라 첫 아이디어라고 보면 좋을 것 같다.

필자가 출판사 근무 시기에 매출이 좋았던 제2외국어 첫걸음 책이 있었다. 편집자에게 그 책의 단어장을 제안했었다. 첫걸음 책도 좋았지만, 책 안에 있는 단어들을 별도로 모아서 들고 다니면서 공부하면 좋을 것 같다고 말했다. 첫걸음 책이 46배판(188×258mm)이니 단어장은 신국판(152×225mm)이나 신국판 변형(152×210mm)이 좋을 것 같다고 제안했었다.

그 제안은 편집자의 고민도 없이 거절당했다. 몇 년 후 그분이 출판사를 그만두고 나서 필자가 처음 제안했던 그 첫걸음 책의 단어장이 나왔다. 그때는 필자도 출판사를 그만둔 상태여서 더 자세한 내용은 모른다. 매출이 나쁘지 않은 것으로 들었다.

출판사를 그만두고 출판사를 창업했다. 첫 3년간의 출판기획은 시행착오의 연속이었다. 금전적인 손실이 가장 컸으며 그다음으로 생생한 좌절감을 경험했었다. 지금은 그 좌절감을 극복하는 중이다.

이번 책은 필자가 출판기획 강의를 하면서 수정하고 보완한 자료를 다시 정리한 것이다. 강의 교안을 책으로 집필하면서 도서명을 처음에는 『출판기획 특강』으로 했다가 다시 도서명을 『출판기획의 정석』으로 했다가 최종적으로 『출판기획의 한계를 넘어』로 정했다. 출판기획을 하면서 느끼는 한계를 극복하자는 의미도 있고 한계를 넘어 보자는 의미도 있다. 책 본문 중간 중간에 파워포인트의 슬라이드 화면이 나오는 것은 현장감을 주고 지루하지 않게 하려는 의도이다.

항상 필자의 출판사 책들을 디자인하는 「D&A design」의 박정호 대표님께 진심으로 감사드리며 이 책이 출판기획을 필요로 하는 독자들에게 도움이 되었으면 좋겠다.

2023년 3월
저자 이시우

목차

PART 1 출판기획의 시작

PART 2 _ 출판기획의 이모저모

PART 3 출판기획 실전과 도약

출판기획의 시작

봄이 무엇인지는 겨울이 되어 비로소 알 수 있다.
가장 뛰어난 5월의 노래는 노변에서 만들어진다.
자유에 대한 사랑은 감옥의 꽃이다.
감옥에 있음으로써 비로소 자유의 가치를 안다.

— 하인리히 하이네 —

출판 분야 선택

출판 분야의 선택이란 무엇이며 출판 분야 선택 시 주의해야 할 사항과 출판 분야 선택의 중요성에 대해 알아보겠다.

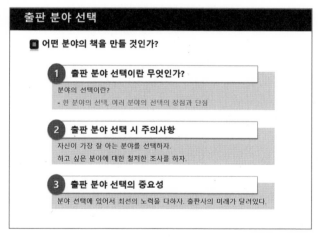

▲ 출판 분야 선택 화면

1-1. 어떤 분야의 책을 만들 것인가?

출판사를 경영하는 경영자나 출판물을 기획하는 출판기획자는 항상 어떤 분야의 책을 만들 것인가에 대해서 고민한다. 그리고 출판 분야가 정해진 다음에는 그 분야에 맞는 어떤 책을 기획할 것인가를 고민한다.

출판 분야의 선택이라는 것은 무엇인가?

어느 특정 분야가 있다고 하자. 그 분야의 하위 분야에는 또 다른 특정 분야들이 있다.

예를 들어 국내 도서에서 인문 분야를 선택해서 들어가 보자. 그러면 〈인문/교양〉, 〈글쓰기〉, 〈독서/비평〉, 〈출판/서점〉 등의 하위 분야들이 나온다. 여기서 〈인문/교양〉을 선택해 보자. 그러면 〈인문 에세이〉, 〈교양으로 읽는 인문〉으로 분야가 나타난다(온라인 서점 예스24를 기준으로 설명). 이상과 같이 출판 분야를 검색하고 연구해서 자신의 출판 분야를 정하고 그에 맞는 출판기획을 하면 된다.

한 분야를 선택한 후 그 분야에 맞는 책만 만드는 출판사들도 있다. 하지만 필자의 개인적인 생각으로 대부분의 출판사가 여러 분야를 선택한 후 그 분야에 맞는 책을 만드는 것 같다. 필자도 마찬가지다. '북즐 활용' 시리즈는 출판 관련 책들만 출간되는 분야이다. 하지만, '북즐 아트북' 시리즈는 예술 관련 책들만 나온다.

분야가 많아서 좋고 분야가 적어서 좋고에 대한 기준은 사실 허물어지고 있는 것 같다. 예전에는 영어나 일본어 책의 경우 특정 브랜드를 가진 출판사에서 책이 많이 나왔다. 하지만 언제부터인가 그러한 경계는 없어진 것 같다. 컴퓨터 책만 만들던 출판사에서 영어, 일본어, 중국어 책을 출간한 후 기존의 시장을 점유해 나가는 것을 보고 필자는 확실히 느끼게 되었다.

필자가 출판사 근무 시절 컴퓨터 관련 책이 많이 나오던 출판사에서 일본어 첫걸음 책이 나온다는 소문을 듣고 영업부에서 하는 이야기를 들었다.

'그 출판사 전혀 모르는 분야에 뛰어들어서 아마 손해를 많이 볼 거야'

하지만 그런 일은 일어나지 않았고 지금은 그 출판사가 그 시장을 선도하는 것 같은 느낌을 준다.

1-2. 출판 분야 선택 시 주의사항

출판 분야의 선택은 앞으로의 출판 여정에 가장 중요한 기점이 된다.

필자는 다음과 같이 조언하고 싶다.

'출판 분야 선택 시 자신이 가장 잘 아는 분야를 먼저 선택하자. 그래야 실패를 줄일 수 있다.'

즉, 자신이 가장 잘 아는 분야의 경우에는 국내 원고(투고된 원고)나 외서(수입 도서)를 보는 안목이 조금은 더 있기 때문이다. 성공한 출판사들을 보면 확실히 그런 점을 느낀다. 그리고 출간하고 싶은 분야가 있다면 바로 시작하지 말고 철저한 시장조사를 하자.

어느 출판사의 경우 어린이 경제 관련 책을 만들기 위해 그 분야 출판기획자를 영입해서 진행하는 것을 보았다. 새로 영입된 출판기획자는 자신의 인맥을 활용해 여러 종의 어린이 경제 관련 책을 기획하고 진행했다. 하지만 1년이라는 짧은 시간에 좋은 성과를 내지 못하고 후임자에게 계약된 출간 리스트를 넘겨주고 퇴사하는 모습을 보았다.

1-3. 출판 분야 선택의 중요성

출판 분야 선택에 있어서 최선의 노력을 다하자. 출판사의 미래가 달려있다.

특정 출판 분야를 선택한 후 그 분야의 책 3종 정도가 나왔는데도 반응이 전혀 없다면 많은 생각을 하게 한다.

'좀 더 진행할 것인가? 아니면 다른 출판 분야의 책을 만들 것인가?'

필자는 그에 대한 답을 알지 못한다. 하지만 조언은 드릴 수 있다. 그 판단은 자신이 만든 책을 구매한 독자에게서 알 수 있다. 아무리 정성을 다해서 책을 만들어도 판매가 되지 않는다면 매우 깊은 고민을 해봐야 한다는 것이다.

　필자가 예술 관련 책을 처음 만들었을 때 그 반응은 나쁘지 않았다. 그래서 그 분야의 책을 계속 기획할 수 있었다. 하지만 어느 날부터 투입되는 비싼 제작비(예술 책의 경우에는 본문이 대부분 컬러이고 본문 종이의 질도 상대적으로 좋은 편이다)에 비해 손익분기점까지 판매가 되더라도 시간이 많이 소요되거나 손익분기점에 도달하지 못했다. 잘 선택한 출판 분야라고 생각을 했지만, 지금은 고민이 많아진 출판 분야가 되었다.

출판 분야 선택 비결

출판 분야 선택에 있어서 여러 분야의 선택과 한 분야의 선택에 대해 알아보겠다.

출판 분야 선택의 비결

■ 여러 분야의 선택과 한 분야의 선택

여러 분야의 선택(3~4개 정도)

- **장점** : 반응이 오는 분야, 반응이 오지 않는 분야
- **단점** : 모두 실패한다면 출판사에 미치는 손실이 큼

한 분야의 선택

- 하나의 분야에 올인 한 출판사 대표의 경험담
- 경제/경영 > 유통/창업 > 창업 > 인터넷 창업
- 적절한 초판 제작(초판 1,000부 또는 1,500부 제작)

**자신이 잘 할 수 있는 특정 분야와 본인의 인맥으로
작가를 쉽게 섭외할 수 있는 분야를 선택하자!**

▲ 출판 분야 선택의 비결 화면

여러 개의 분야를 선택하는 경우라고 한다면 3~4개 정도의 분야를 선택하라고 권하고 싶다. 장점은 반응이 오는 분야의 경우에는 더 말할 것도 없이 진행하면 된다. 반응이 오지 않는 분야는 과감하게 정리해야 한다. 단점으로는 선택한 여러 개의 분야가 모두 실패한다면 출판사에 미치는 손실이 매우 클 것이다. 이런 경우 출판사를 그만두어야 하는 경우가 발생할 수도 있다.

한 분야만 선택한 경우의 출판사 지인이 있다. 그분은 **경제/경영 〉유통/창업 〉창업 〉인터넷 창업** 분야를 선택해서 그 분야의 책만 사업 초기에는 출간했었다. 지금은 출판 분야를 많이 넓혀나간 것으로 보인다. 1인 출판사로 시작해서 지금은 4~5명의 직원을 고용하고 있다. 그분이 필자에게 한 말이 생각난다.

'출판 분야에서 3위 안에 들어가는 책만 만든다면 먹고 살 수 있는 것 같습니다.'

여기서 말하는 3위는 출판 분야에서 가장 하위의 분야에서의 경우를 말한다. 위의 경우에는 가장 하위 분야인 **[인터넷 창업]** 분야를 말한다.

그리고 그분이 말한 또 하나가 있다.

자신은 책 제작 시 초판을 1,000부 또는 1,500부 정도만 제작해서 판매해 보고 그 반응을 확인한 후 재판(중쇄)을 결정한다고 했다. 그렇게 이야기했던 해가 2009년이었다. 그 당시에 초판의 경우 2,000부 또는 3,000부 제작이 정석인 시절이었다.

출판 분야 선택의 비결은 자신이 잘 할 수 있는 특정 분야와 본인의 인맥으로 작가를 쉽게 섭외할 수 있는 분야를 선택하는 것이라고 말하고 싶다. 자신이 잘 할 수 있는 또는 잘 아는 분야면 원고를 보는 눈이 있을 것이다. 원고를 보는 눈이 있다는 것은 큰 힘이 된다. 그리고 잘 할 수 있는 또는 잘 아는 분야면 작가 섭외 시 자신만의 비결이 있을 것이다. 그 부분을 잘 활용할 필요가 있다.

출판기획 프로세스의 이해

출판기획이란 무엇인지와 출판기획 프로세스에 대해서 간략하게 알아보겠다.

3-1. 출판기획이란?

시대가 필요로 하는 또는 독자가 필요로 하는 새로운 책을 기획하는 일을 말한다.

업무 공정별로 살펴보면 신간 기획, 편집, 제작, 디자인, 홍보 및 마케팅, 관리 등으로 나눌 수 있다.

독자들은 아무 생각 없이 책을 구매하지 않는다. 책을 구매하는 행위를 할 때는 반드시 구매 이유가 있으며, 구매하는 시기가 있고, 구매경로와 지급 방식을 고려하며, 다른 제품과 비교한다. 따라서 이것에관한 연구가 이루어지지 않으면 출판기획은 아무런 의미가 없다. 독자의 마음을 읽는 자세가 필요하다. 내 생각이 중요한 것이 아니라 이 책을 구매할 독자의 생각이 더 중요하다. 그것이 출판기획의 시작점이다.

3-2. 출판기획자란?

한 권의 책을 만드는 데 있어서 모든 과정의 출판기획을 수립하고 진행하며 조정하는 사람이다. 폭넓은 지식을 바탕으로 전체적인 조정에 뛰어난 사람이다. 시대적 흐름에 밝아야 한다. 뛰어난 문장력은 물론 국문법에도 일정 수준 이상의 지식이 필요하다. 항상 새로운 아이디어를 가지고 모험적인 생각을 해야 한다.

누구나 출판기획자가 될 수 있다. 출판기획은 열정적으로 하되 기획물의 출간에 대한 검증은 객관적으로 하면 된다.

3-3. 출간기획의 확정

출간기획의 확정이란 책의 발행 여부를 최종적으로 결정하는 것을 말한다.

이 단계에서는 분야마다 다른 출판제작 방법과 마케팅 방법을 고려해서 신규 진출 조건과 타이밍을 조율하는 것이 무엇보다 중요하다. 시기가 적절하지 않다면 출간을 뒤로 미룰 수도 있다.

출간기획을 확정하는 데에 영향을 미치는 요소로는 원고와 작가에 대한 가치 판단과 시장성, 자사 출판 성향과의 부합성, 기획자 및 편집진과의 소통 등을 들 수 있다.

출간기획의 확정은 혼자보다는 둘이 좋고 둘보다는 셋이 의견을 모으는 것이 좋다. 1인 출판사의 경우에는 지인들의 조언을 받는 것도 도움이 될 것이다.

3-4. 출간기획서 작성 시 유의점

출간기획서(또는 출간기획안) 작성 시에는 외형에 치우치지 말고 실질적인 가치에 집중해야 한다. 출간기획서(안)는 살아 있는 기획 활동을 위한 자기 점검 과정이자 생산적인 논의를 위한 기초 자료라는 것을 명심해야 한다.

출간 목표를 밝힌다면 구체적으로 밝히는 것이 좋다. 출간의 의의와 가치 등과 같은 목표는 물론 예상 판매 부수와 목표 판매 부수, 손익 계산 등 수치적인 근거도 명확하게 드러나 있어야 한다.

출간기획서(안) 작성 시 전문가들과 충분히 논의해야 한다. 출간기획서(안)를 작성할 때에는 편집자, 제작자, 디자이너, 영업자, 작가, 서점 담당자 등과 충분히 논의하는 것이 좋다. 이 과정은 객관성을 담보하기 위한 최고의 방법이라고 할 수 있다.

출간기획서에
들어가야 할 항목들

출간기획서(안)의 작성 단계는 출판기획의 근거와 목표를 분명히 하고 자신감을 얻는 과정이라고 할 수 있다.

출간기획서(안)에 담겨야 하는 주요 내용은 다음과 같다.

> 출간기획의 취지와 의의, 책의 특징과 콘셉트, 책의 독자 타깃, 문제점과 장점, 예상 판매 부수와 목표 판매 부수, 홍보와 마케팅 방법, 어떻게 제작할 것인가 (본문 페이지 수, 판형, 제책 방법 등) 정도이다.

급하지 않은 출간기획서(안)는 시간을 두고 장시간에 걸쳐서 업그레이드하고, 수정하고, 보충하는 작업을 거쳐서 완성도를 높이는 것이 좋다. 하나의 사안을 가지고 장시간에 걸쳐서 심사숙고하면 좀 더 단단한 출간기획서(안)를 완성할 수 있을 것이다.

신간 출간에 있어서 첫 단계의 작업이니 신중하게 작성해 보자.

어떤 기획을
할 것인가?

출판물을 기획하는 방법은 정말 많다. 여기서는 미투(Me too) 상품과 온리원(Only one) 상품을 기획하는 것에 대해 알아보겠다.

5-1. 미투(Me too) 상품

미투(Me too)는 우리말로 번역하면 '나도 똑같이'라는 뜻이다. 즉 1위 브랜드나 인기 브랜드 또는 경쟁 관계에 있는 스타 브랜드를 모방해 그 브랜드의 인기에 편승해 자사 제품을 판매할 목적으로 만든 제품을 말한다. 미투 제품을 유사제품(유사상품)이라고도 하고, 베끼기 상품이라고도 한다.

장점은 현재 판매가 잘 되는 다른 출판사의 도서와 유사한 분야의 책을 빨리 제작한다면 물타기 할 수 있을 것이다. 현재 판매가 잘 되는 책과 비슷한 분야의 책을 빨리 만드는 작업은 쉽지 않은 작업이지만, 만약 가능하다면 매출에 도움이 될 것이다. 한때 컬러링북의 경우를 보면 알 수 있겠다.

단점은 책이 나오는 시점이 늦어져서 잘 나갔던 책의 판매가 종료되는 시점과 겹친다면 매출에 도움이 안 될 것이다.

5-2. 온리원(Only one) 상품

중소 출판사들이 다른 출판사들과 차별화된 제품을 보유하여 독점적인 지위를 가져야 한다는 생각에서 본인 출판사만의 강점이 있는 책을 만드는 것을 말한다.

출판계를 보면 그런 출판사들이 많다. 특정 분야의 책만 내는 출판사들이 그렇다. 의학서, 법률서, 수험서, 역사서 전문출판사들이 그런 출판사라고 볼 수 있겠다.

장점은 그 시장에서 자리를 잡으면 단단한 독자층이 만들어져서 신간이 나올 때마다 기다렸다가 구매한다는 것이다.

단점은 그 시장에서 자리를 잡을 때까지 시간과 열정이 많이 소모된다는 것이다. 그리고 일반적인 출판 분야보다 약간의 진입장벽이 있다고 본다.

출판기획자의
마음가짐

출판기획자의 7가지 마음가짐에 대해 알아보겠다.

❶ 출판기획자는 먼저 무슨 책을 만들 것인가를 항상(恒常) 고민해야 한다.

출판기획자라면 항상 무슨 책을 만들지 고민한다.

출근 준비를 위해 샤워하는 동안, 출근하는 차에 있는 동안, 거리를 걷는 동안 계속 생각하고 그 생각을 정리하는 일을 반복해야 한다.

❷ 평상시의 일상과 출판기획이 어떻게 연결되는지를 알아본다.

생각해낸 생각을 정리하고 다듬는 동안에 출판기획의 생각은 더 깊어진다. 평상시의 모든 행동이 출판기획으로 가는 연결 통로가 될 것이다.

❸ 인터넷 검색 중에 문장력이 우수한 블로그, 유용한 문구, 흥미로운 기사 등을 관찰한다.

출판기획과 작가 섭외는 이어져 있다.

우수한 블로그를 운영하는 블로거는 미래의 작가가 될 수 있다. 그리고 인터넷에 늘려 있는 자료들을 재정리해서 내 것으로 활용하자.

❹ 메모나 일정관리를 위한 나만의 기록 방법을 만들자.

자료의 정리 방법도 개인마다 모두 다르다. 자신만의 자료 정리, 기록 정리 방법을 만들자. 많은 자료를 쉽게 찾을 수 있도록 하는 것이 정리의 시작이다.

❺ 필요한 자료의 촬영과 녹음을 잘 활용하자.

특정 디자인이나 특별한 색 배치를 발견하면 즉시 촬영하자(당연한 이야기지만 촬영이 안 되는 곳에서의 촬영은 하면 안 된다). 또한, 순간적으로 떠오르는 생각들과 대화 내용은 즉시 녹음하자. 좋은 자료가 될 것이다. 타인의 우수한 작품에서 좋은 영감이 시작되는 것 같다.

❻ 자신의 취향과 맞는 다양한 취미 활동을 최대한 즐기자.

자신이 좋아하는 분야에 대한 다양한 취미 활동을 즐기자. 캠핑을 좋아한다면 캠핑을 가자. 그러다 보면 좋은 캠핑 관련 책이 자연스럽게 기획될 것이다.

❼ 최대한 폭넓은 정보를 시간과 장소를 가리지 않고 읽는 것을 습관화하자.

책을 기획하려면 그 분야 또는 다양한 분야의 책을 많이 읽어야 한다.

책을 많이 읽다 보면 사용하는 단어부터가 달라진다. 그리고 투고된 원고 검토 시 문장을 이해하는 능력이 올라간다. 자신이 책을 안 읽는데 독자들이 읽을 책을 어떻게 만들겠는가?

출판 콘텐츠의
OSMU

출판 콘텐츠의 OSMU 사례들과 저작권에 대해 알아보겠다.

7-1. 출판 콘텐츠의 OSMU 사례들

출판에서의 OSMU(One Source Multi Use)란?

출판물, 즉 출판사에서 제작된 책들이 드라마, K-POP, 게임, 영화, 드라마, 연극, 애니메이션 등과 구체적으로 연계하는 것을 말한다.

소설의 경우에는 『소나기』(황순원 저, 1952년)가 연극, 영화, 뮤지컬, 드라마로 제작되었고 『서편제』(이청준 저, 1976년)는 영화, 뮤지컬, 창극으로 제작되었다. 그리고 『우리들의 일그러진 영웅』(이문열 저, 1987년)은 연극, 영화로 제작되었으며 『우리들의 행복한 시간』(공지영 저, 2005년)』은 연극, 영화로 제작되었다. 그 외에 『7년의 밤』(정유정 저, 2011년)

은 영화로 제작되었고 『82년생 김지영』(조남주 저, 2016년)은 연극, 영화로 제작되었다.

만화의 경우에는 『발바리의 추억』(강철수 저, 1988년)은 연극, 영화, 드라마로 제작되었고 『식객』(허영만 저, 2002년)은 드라마, 영화로 제작되었다. 필자가 개인적으로 좋아하는 『신과 함께』(주호민 저, 2011년)는 연극, 영화로 제작되었고 『미생』(윤태호 저, 2013년)은 연극, 영화, 드라마로 제작되었다. 그 외에 『타짜』, 『이끼』, 『내부자들』, 『시동』 등이 있다.

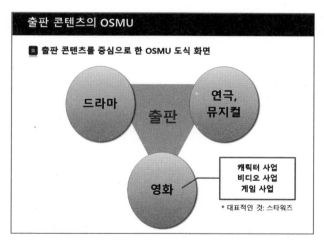

▲ 출판 콘텐츠의 OSMU 도식 화면

영화로 만들어진 것 중 반응이 좋은 것은 캐릭터 사업, 비디오 사업, 게임 사업으로 확대가 되기도 했다.

7-2. 출판 콘텐츠의 OSMU와 저작권

출판사는 OSMU의 저작권 문제를 해결하기 위해 [2차적 저작물 작성권]에 대한 계약서를 작성해야 한다. [2차적 저작물 작성권]은 원저작물을 번역이나 변형, 각색, 영상 제작 등의 방법으로 새롭게 만든 창작물을 말한다.

저작권법은 저작권을 양도하는 경우 [2차적 저작물 작성권]은 양도되지 않는 것으로 추정하고 있다. 작가와 계약 시 표준계약서를 사용해서 상호 간에 도움이 되도록 계약서를 작성하면 한다.

참고로 [출판 분야 표준계약서]는 [한국출판문화산업진흥원] 홈페이지(https://www.kpipa.or.kr) 자료실에서 내려받으면 된다.

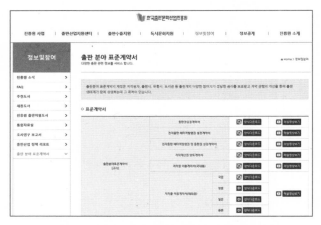

▲ [한국출판문화산업진흥원] 홈페이지의 자료실 화면

출판물의 기획과 진행

출판물 기획과 작가와 계약까지의 업무를 진행하는 방법에 대해 알아보고 기획 단계에서 생각해야 할 것들에 대해 간략하게 살펴보겠다.

8-1. 베스트셀러를 내는 공식, 3T

출판계에서는 베스트셀러를 내는 공식으로 3T(Timing, Titling, Targeting)가 있다. 3T에 대해서 알아보겠다.

❶ 타이밍(Timing)

출판은 타이밍이 중요하다.

예전에 나온 책을 다시 출간해서 판매가 늘어난 경우가 있다. 그 시기에는 판매가 안 되었지만 적절한 시기에 책은 반응한다.

모든 것은 타이밍이 중요하다. 책도 마찬가지다. 누구나 읽고 싶은 분야의 책이 적절한 시기에 나온다면 베스트셀러가 될 수도 있다.

한편으로는 올해 어떤 책이 히트될지 안다면 누구 그런 책을 안 만들겠는가? 노력도 중요하지만 약간의 운도 필요한 것 같다는 생각이 든다.

❷ 타이틀링(Titling)

책의 원고 마감까지 책 제목은 가제일 수밖에 없다.

쉽게 결정할 수 없는 것이 책의 제목이다. 제목은 책의 모든 내용을 대변하기 때문에 잘 정해야 한다. 제목이 끌려야 독자가 책을 구매할 확률이 높다.

제목은 원고에서 출발하되 키워드를 중심으로 한 이미지와 결합할 때 좋은 제목이 나온다. 그리고 인터넷 키워드 검색을 염두에 두고 정해야 한다.

❸ 타깃팅(Targeting)

출간기획서(안)를 작성할 때 핵심 독자층을 밝히는 독자 타깃팅이 분명할 때 좋은 결과가 나올 수 있다.

누구든 좋으니 많은 사람이 읽었으면 좋겠다는 막연한 바램으로 기획된 책은 누구에게도 선택되지 않을 수 있다. 불특정 다수에 맞춰진 기획이 아닌 정확한 대상이 있는 기획을 해야 좋은 성과를 얻을 수 있다.

기획하고 있는 책의 독자 타깃팅이 분명할 때 책의 포지셔닝(시장에서 제품의 위치를 명확히 하는 전략)이 정확해진다.

누구나 다 볼 수 있는 책은 반대로 아무도 안 볼 수 있다. 하지만 정확하게 타깃팅이 된 책은 그 독자들을 중심으로 독자층을 확산시킬 수 있다. 출판기획을 하는 모든 이들이 항상 고민하는 것이 독자 타깃팅이 아닐까?

여러 가지 기획에 대한 이론들이 있겠지만, 그중에서도 **가장 좋은 출판기획은 우수한 콘텐츠의 발굴**이라고 생각한다.

8-2. 출판물의 기획

현실화 단계는 실패 없는 기획을 위해 필요한 작업이다(현실화 단계에 대해서는 뒤에서 좀 더 자세히 설명하기로 하겠다).

출판물을 기획하는 4가지 경우에 대해 필자의 경험을 바탕으로 자세히 알아보겠다.

❶ 직접 기획하는 경우

검증이 안 되었기에 충분한 검증의 절차가 필요하다.

그 방법으로 지인들을 만나 충분한 자문을 구한다. 이때 주의할 점은 자문 받을 상대를 제대로 찾아서 자문 받아야 한다는 것이다. 시간 소요가 많기에 4~5명에게만 자문 받아보는 것을 추천한다.

제일 좋은 자문 처는 자문 받을 도서를 만들어 본 경험이 있는 출판사 대표나 출판기획자라면 금상첨화일 것이다.

여기서 출판 경력이 10년 차 이상인 사람들이 조심해야 할 것은 자만심이다.

'내가 그런 것도 모르겠어.'

이상과 같은 자만심이 자신의 발목을 잡을 수 있다.

아무리 출판을 오래 한 사람도 모든 책을 성공적으로 히트시킬 수는 없다. 실패를 최소로 줄이는 방법을 배울 필요가 있다. 그 첫 번째가 바로 자만심에 빠지지 않는 것이다.

❷ 출판 에이전시를 통하는 경우

출판 에이전시를 방문해서 담당자와 인사를 나누고 출간 도서 목록을 이메일로 받을 수 있도록 하자.

이메일로 출간 도서 목록이 주기적으로 온다. 여기서 출간을 희망하는 도서를 선택하여 에이전시에 이메일이나 전화로 연락하면 외서를 보내준다.

이 외서를 가지고 분석에 들어가면 된다. 외서이므로 영어, 일어, 중국어 등으로 된 책들이다. 그러므로 전문가에게 검토를 의뢰해야 한다. 즉, 원고 일부의 번역이 필요할 때도 있을 것이다.

아마존닷컴에 들어가서 도서에 대한 평가를 점검해 보자. 마음에 드는 도서가 있다면 출판 에이전시 담당자에게 연락해서 계약하면 한다.

평균적인 선인세는 250~500만 원 정도이고 번역비가 250~500만 원 정도이다. 그러므로 외서 한 권을 진행하는데 착수금이 초기 500~1,000만 원으로 평균 750만 원 정도가 된다.

❸ 출간을 의뢰받는 경우

출판사에서 일하다 보면 지인들의 소개나 인터넷 카페, SNS, 이메일을 통해 출간 의뢰가 많이 들어온다.

이렇게 들어오는 원고를 출판사의 출판 분야에 맞도록 다시 기획한 후 진행할 수도 있다. 이때 정말 신중하게 선택해야 한다. 회사의 돈이 나가는 사안이므로 인정에 매이면 실패한다. 거절해야 하는 경우 정중히 거절하거나 다른 출판사를 소개해 주는 것이 좋다.

원고 투고에서 좋은 원고를 발견하는 출판인들을 가끔 본다. 그분들의 공통적인 특징은 상대방(예비 작가)을 이해하고 투고 받은 원고를 귀하게 여긴다는 것이다.

❹ 직접 집필하는 경우

출판사를 운영하는 분 중에 자신의 원고를 책으로 출간하기 위해 출판사를 시작하는 분들을 간혹 본다.

다른 직업이나 수익구조가 없는 상황에서 자신의 책을 출간하려고 출판사를 시작하는 것은 매우 신중해야 한다. 다른 수익구조가 있다면 해볼 수 있겠지만, 그런 것이 없는 상황에서는 힘들 수 있다.

가장 좋은 방법은 다른 작가들의 원고로 책을 출간하면서 자신만이 쓸 수 있는 내용으로 비주기적으로 출간하는 것이다.

8-3. 출판물을 진행하는 방법

여기서는 국내 출판물을 기획한 후 진행하는 방법만 설명하겠다.

기획한 내용으로 작가를 섭외한 경우 가장 먼저 작가와 미팅을 한다. 여기서 책의 기획 의도를 충분히 설명한다. 그리고 작가에게 책의 목차를 만들어 볼 것으로 주문한다.

작가가 목차를 만드는 시간은 충분히 주는 것이 좋다. 여기서 많은 작가가 출간을 포기한다. 출판사 기획 담당자는 목차를 만들 수 있는 작가를 잡아야 한다. 목차가 오면 목차 조정을 거치는데 목차 조정은 출판사 기획 담당자가 작가와 상의 후 조정하는 것이 좋다. 어느 정도 목차가 정해지면 본문 원고를 1~2꼭지 정도 요청한다(목차와 본문 원고 1~2꼭지를 동시에 요청해도 되나 작가의 역량을 보고 판단하는 것이 좋다).

목차와 본문 원고 1~2꼭지 정도를 검토한 후 정식 계약으로 넘어가면 된다. 참고로 계약 후 작가가 본격적인 집필 시 목차나 본문의 변동이 있음을 서로가 인지할 필요는 있다.

예전에 이런 일이 있었다. 이상의 내용으로 모두 진행을 했었는데 1~2년이 지나서 탈고된 원고는 전혀 다른 제목에 다른 내용이었다.

필자는 가끔 생각한다.

'그 작가분은 왜 그랬을까?'

아직도 이해가 되지 않는다. 미팅 시 충분히 설명했고 중간에 본문 내용도 받아서 진행을 확인했었다. 그때까지는 필자가 기획한 내용의 원고였었다. 탈고된 원고는 전혀 다른 내용이라서 지금도 의구심이 든다. 그 작가분은 왜 그랬을까? 결국, 계약은 파기되고 인간관계도 끝이 났다. 그 원고를 기다린 시간이 아까웠지만, 또 다른 배움을 얻게 해준 것 같다는 생각을 한다.

8-4. 기획 단계에서 생각해야 할 것들

출판물을 기획하는 단계에서는 다음의 것들을 생각해야 한다.

네이밍, 타이밍, 포지셔닝, 디자인, 포장이다. 각각에 대해 알아보겠다.

❶ 네이밍

제목으로 눈길을 끌자.

신간 도서의 제목을 결정하는 일은 가장 어려운 작업이다. 제목에서 눈길을 끌어야만 한다. 책의 내용을 대표할 수 있는 제목을 과하지 않는 선에서 결정해야 한다.

처음에는 몇 가지 제목을 만든 후 책을 진행하면서 범위를 좁혀나가자. 꼭 필요하다면 제목 외에 부제목을 넣어도 된다.

❷ 타이밍

물들어 올 때 배를 띄운다.

신간 도서의 출간 시기는 타이밍이 중요하다고 말했다. 예를 들어 부동산 관련 책들이 주목을 받고 있을 때 그와 같거나 비슷한 종류의 책이 나온다면 매출에 도움이 될 것이다.

급하게 출간할 필요가 없는 책이라면 현시대의 분위기를 보고 적절한 시기를 읽고 좋은 타이밍에 출간하는 것도 생각해 보자.

❸ 포지셔닝

어떤 방법으로 독자의 마음을 사로잡을 것인가?

특정한 타깃층을 겨냥한 책이 그렇지 않은 책에 대비해서 마케팅이 쉽다. 책을 만들 때 타깃층이 정확한 책을 만들자. 그리고 어떻게 독자의 선택을 받을지 염두에 두자. 말은 쉽지만, 가장 어려운 작업이다. 여러 종의 책들을 진행하다 보면 자연스럽게 알 수도 있다.

❹ 디자인

어떻게 디자인할 것인가?

책의 타깃층에 따라서 책의 표지 디자인, 본문 디자인이 달라진다. 정확한 타깃층을 정했다면 그에 맞는 디자인이 필요하다.

어느 날 필자가 '꽃말에 대한' 책을 검색하다가 유독 판매가 잘 되는 책을 보았다. 내용은 다른 책들과 차별성을 찾지는 못했지만, 표지와 본문 디자인이 책을 구매하고 싶어지도록 했다.

❺ 포장

어떻게 제작할 것인가?

신간 도서를 만들 때 제작방법에 있어서 다음과 같이 크게 나눌 수 있겠다. 책의 본문 인쇄 도수(단도, 2도, 컬러)와 제책(무선, 양장, 중철, 사철 무선 등)의 형태가 그것이다. 책의 성격에 따라 본문 인쇄 도수가 정해지고 나아가서 책의 제책 방식이 정해진다.

8-5. 평소 출판물 기획을 위한 준비

평소에 출판물 기획을 위해 어떠한 준비가 필요한지 알아보겠다.

❶ 책을 많이 읽어야 한다.

특히 지금 기획 중인 책이 있다면 기획에 도움이 되는 책들을 서점에서 구매하거나 도서관에서 빌려서라도 충분히 읽자. 그리고 읽은 책들의 내용을 정리해 보고 이번에 만들 책과의 차별성을 확립하자.

❷ 사람들을 만나러 열심히 다녀야 한다.

새로운 출판기획을 하기 위해서는 그 중심에 사람이 있다. 전문적인 지식을 가지고 있는 사람들이 모이는 곳을 방문해서 평소에 인맥을 넓히자. 의외로 전문적인 사람은 많아도 자신의 지식을 책에 담을 수 있는 사람은 적다. 그래서 원하는 작가의 섭외가 어려운 것이다.

❸ 시장조사를 철저히 해야 한다.

기획한 책의 시장조사에서 출간을 포기하는 일도 생긴다. 그만큼 시장조사가 중요하다. 시장에 없는 책이 있다면 책을 만들어도 판매가 되지 않는 책이거나 블루오션일 것이다.

❹ SNS(페이스북 등) 활동은 선택이 아닌 필수이므로 적극적으로

42

한다.

비용을 소비하면서 광고를 하는 일도 있겠지만, 비용이 안 들면서 책을 홍보하고 싶다면 SNS를 적극적으로 활용하자. 페이스북, 인스타그램이 대표적이므로 이 2곳은 꼭 활용하자.

책 홍보도 할 수도 있지만, 전문 분야의 작가 섭외에도 도움이 된다. 평소 관심을 가지는 자세가 필요하다. SNS를 통한 작가 검색과 책 홍보의 2가지를 모두 잡아보자.

그리고 브런치(Brunch)와 네이버 포스트(Naver Post)에도 관심을 가져보자.

브런치는 IT 기업인 카카오의 블로그 서비스이다. 가입은 누구나 할수 있지만 작가 활동을 시작하려면 작가 신청을 한 후 승인이 되어야한다. 많은 예비 작가들이 활동하고 있다. 출판 분야에 맞는 예비 작가를 찾아볼 수 있다.

네이버 포스트는 네이버의 포스트 서비스이다. 블로그와 달리 전문가용 플랫폼이다. 여기서도 출판 분야에 맞는 예비 작가를 찾아볼 수있다.

무엇을 준비하고
어떻게 진화하는 것이 좋은가?

여기서 설명하는 내용은 지극히 필자의 주관적인 견해임을 먼저 밝혀둔다.

❶ 베스트셀러 분석(내용적인 면)

필자가 출판계에 입문하고 나온 책 중 『화』, 『아프니까 청춘이다』, 『미움받을 용기』, 『마시멜로 이야기』, 『바보처럼 공부하고 천재처럼 꿈꿔라』, 『공부머리 독서법』 등의 책을 보면 독자의 타깃층이 확실하다. 베스트셀러로 진입하기 전의 단계가 확실한 독자층을 겨냥하는 것이라는 것이다. 이상의 책 중 『공부머리 독서법』의 경우 독서를 해야 하는 학생들에게 그 방법을 설명한 독서교육에 관한 책이다.

우연히 이 책을 발행한 대표님과 이야기를 나눌 기회가 있어서 필자는 조심스럽게 질문을 했었다.

"대표님, 이 책이 왜 이렇게 판매가 잘 되는지 궁금합니다. 혹시 혼자만의 비결이라도 있으면 공유해요."

필자의 질문에 출판사 대표님이 이렇게 말했다.

"저도 왜 책이 잘 팔리는지 그 이유를 잘 모르겠어요."

역시 **베스트셀러는 우수한 콘텐츠의 발굴이 그 시작인 것 같다고** 다시 한번 느낀 날이었다.

❷ 베스트셀러 분석(외형적인 면)

책의 내용적인 면을 제외한 외형적인 면에서 보면 필자는 다음과 같은 결론을 얻었다. 분량이 많지 않고 양장 제책으로 제작된 책이다. 『누가 내 치즈를 옮겼을까?』, 『The Secret 시크릿』, 『마시멜로 이야기』가 대표적인 도서들이다. 본문 페이지가 많지 않으며 책의 제책 방식이 양장인 책이다. 결과론적으로 책의 본문 분량이 적으면 상대적으로 빈약해 보이므로 책 정가도 높일 수 없기에 양장으로 제작하는 경우도 있다.

❸ 어떻게 준비할 것인가?

출판기획자는 무엇을 준비하고 진화해야 하는가?

먼저 기획한 분야의 책들을 많이 탐독한다. 그리고 사람을 많이 만나자. 작가나 유명인들의 강연을 듣는 것도 좋은 방법이다.

　요즘은 유튜버를 섭외해서 책을 많이 낸다. 필자 또한 만들고자 하는 출판 분야인 역사 관련해서 유튜버를 검색하다가 이 사람이면 좋겠다고 생각해서 자세히 들여다보면 이미 다른 출판사와 계약을 했거나 진행 중인 경우가 있었다.

　다음으로 한 명의 작가가 책을 집필하기 어려운 경우라면 여러 명이 함께 책을 집필하는 공동 작가로도 가능하다. 필자가 아는 출판사의 경우 3~5명의 작가가 함께 책을 집필하는 것을 보았다. 어느 날그 출판사 대표님에게 조심스럽게 그 이유를 물어보았다. 대표님은다음과 같이 말했다.

　"공동 작가로 책을 만들면 책을 홍보하는 데 도움이 많이 됩니다. 즉, 신간이 나오면 출판사도 홍보하겠지만, 작가들도 각자가 하므로한 명보다는 여러 명이 낫습니다."

출판기획자가 성공하기 위한 7가지 습관

출판기획자가 성공하기 위한 7가지 습관에 대해 알아보겠다. 필자의 개인적인 생각이므로 참고만 하기 바란다.

❶ 글을 써 봐야 작가의 마음을 안다.

출판기획자 역시 작가처럼 글을 써 봐야 한다.

글을 쓰는 경험이 쌓이면 작가의 현실을 이해할 수 있다. 그래야 출판기획자도 탁상공론(卓上空論)이 아닌 발로 뛰는 출판기획이 나올 수 있다.

❷ 건강한 기획 아이디어를 얻으려면 운동이 최고다.

출판기획자의 길은 힘든 일의 연속이다.

건강을 챙기려면 운동이 최고다. 좋은 기획물을 얻기 위해 틈틈이 운동하자. 출판기획자는 세상의 모든 사람과 만난다. 책상 앞에서만 일하다 보면 좋은 아이디어가 나오지는 않는다. 나가서 만나고 틈나는 시간은 운동하자.

❸ 취재를 통해 사람에게서 콘텐츠를 꺼낸다.

출판기획자는 작가 혹은 작가를 추천할 수 있는 사람을 만나는 직업이다.

작가를 만나서 그 사람이 가지고 있는 콘텐츠나 이야기를 끄집어낼 수 있는 능력이 중요하다. 일부 작가는 자신의 능력을 스스로 잘 끄집어내지 못한다. 출판기획자가 끄집어낼 수 있도록 도와야 한다. 보통 기자의 주요업무가 취재인데 출판기획자의 취재 능력 역시 기자들 못지않게 필요하다.

❹ 여행을 즐기면 출판기획 아이디어가 자연스럽게 찾아온다.

노력해서라도 일을 즐기면서 하자.

어떤 분야에서 경쟁하는데 '열심히 하는 사람이 즐기는 사람을 당해 내기는 어렵다.'라고 한다. 여행을 즐기면서 출판기획자로서의 관점으로 세상을 보면 기획 아이디어는 여러 곳에 늘려 있다. 그것을 출판기획의 소재로 활용하자. 새로운 출판기획이 필요하다면 지금 당장 여행을 떠나자.

❺ 실행력이 강한 사람이 되자.

말보다는 실행력을 키우자.

말은 잘 하는데 일은 잘못하는 출판기획자보다는 실행력이 강한 사람이 되자. 그럴듯한 이야기보다는 계획대로 업무를 추진하는 것이 중요하다. 평소 진행 중인 업무를 뒤로 미루지 말고 진행하는 강한 실행력을 키우자.

❻ 성공하려면 다른 출판기획자, 작가들과 식사를 하자.

출판과 연관된 사람이 아니더라도 만나자.

출판과 거리가 먼 직업의 사람들과 이야기를 나눌 때 공감대가 클 수도 있다. 친해지기 위해서는 밥을 함께 먹는 것만큼 좋은 방법도 없다. 한번 밥을 사면 상대방도 답례로 밥을 산다. 그렇게 주고받다 보면 신뢰가 쌓이고 자연스럽게 출판기획 아이디어가 생긴다.

❼ 인내심과 여유를 가지자.

출판기획자의 인내심은 사무실 안 책상 앞에서만 판가름 나지 않는다.

작가의 원고 마감 과정에서 인내는 필수적인 덕목이 된다. 탈고 일이 연기되어도 작가의 편에서 생각하자.

'분명 합당한 이유가 있을 것이다.'라고 말이다.

때론 마음을 비울 때 자연스럽게 채워지는 것도 있다. 힘들 때는 완성된 책을 상상하며 여유를 가지자. 그리고 작가와의 인연과 만났던 시간을 소중하게 생각하자.

매번 성공적인 기획은 할 수 없다. 실패하더라도 사람은 잃지 않도록 하자. **실패하면 성공했을 때 보다 더 많은 것을 배울 것이다. 그것이 발판이 되어 성공으로 한 걸음 다가가는 것이다.**

출판기획의 한계를 넘어

출판기획자가 알아야 할 출판제작 상식들

출판기획자는 다음의 출판제작 상식이 있으면 좋겠다.

① 출판제작 과정의 전체 작업순서와 각 작업의 연계성

② 신간 도서의 정가 책정을 위한 전체 제작비용에 대한 이해

③ 인쇄 비용과 CTP 판수 계산법

④ 제책 방법, 종이 가격, 출력 및 후가공 단가

⑤ 제책 비용 산출하는 방법

⑥ 판형별 본문과 표지 절수

⑦ 판형별 본문과 표지 종이 계산하는 방법

⑧ 본문 대수와 본문 별색 사용에 대해 경험한 자료

출판기획의 이모저모

타인을 자기 자신처럼 존경할 수 있고, 자기가 하고 싶다고 생각하는
것을 타인에게 할 수 있다면, 그 사람은 참된 사랑을 알고 있는 사람이다.
그리고 세상에는 그 이상 가는 사람은 없다.

- 요한 볼프강 폰 괴테 -

시리즈 기획 및
장점과 단점

시리즈를 기획하는 방법과 시리즈 기획의 장점과 단점에 대해 알아
보겠다. 시리즈를 기획하는 분들이 참고하면 좋겠다. 필자의 경험이
모두 옳다고는 볼 수는 없다. 단지 경험을 공유하는 차원으로 받아들
이면 좋겠다.

11-1. 시리즈 기획 방법

책 기획 시 해당 책이 시리즈로 만들어야 하는 이유를 파악하자. 시
리즈로 만들 필요가 없는 책을 시리즈로 기획할 필요는 없다. 시리즈
로 만들 책이 정해지면 충분한 시장조사를 해야 한다.

시리즈 기획 시 제일 좋은 아이템을 1권에 배치해야 한다. 1권의 판매량
이 좋아야 2권을 만들 의욕이 생긴다.

필자가 기획한 시리즈 중 '북즐 지식백과'라는 시리즈가 있는데 이

시리즈의 경우에는 지식(법률, 경제, 인문학, 역사 등) 관련 책들을 내는 시리즈이다. 그리고 '북즐 아트북'이라는 시리즈는 예술(캘리그래피, 캐리커처, 드로잉, 사진, 손글씨 등) 관련 책들을 내는 시리즈이다.

이상에서 보듯이 시리즈의 기획 방법은 특정 분야를 특정한 이름으로 묶어서 만들면 된다. 필자의 경우 '북즐'('북으로 즐긴다', '책으로 즐긴다'라는 뜻)이라는 단어를 상표로 등록해서 시리즈 명으로 사용하고 있다(상표등록에 대한 자세한 설명은 뒤에서 다시 하겠다).

특정 이름이 없더라고 가능하다. 자신의 출판사 상호가 '길동'이라고 한다면 '길동 지식백과', '길동 아트북'처럼 시리즈 명으로 사용해도 된다.

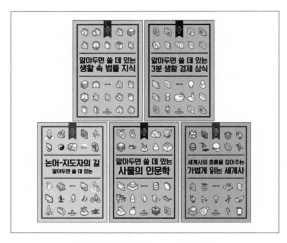

▲ '북즐 지식백과' 시리즈 책 표지 화면

출판기획의 한계를 넘어

▲ '북즐 아트북' 시리즈 책 표지 화면

11-2. 시리즈의 장점과 단점

시리즈의 장점은 신간이 나오는 경우 구간도 자연스럽게 홍보할 수 있는 장점이 있다. 신간 보도자료를 서점에 이메일로 보내면 다음과 같이 등록되는 것을 볼 수 있다(60p~61p). 참고로 시리즈 1권의 반응이 좋으면 다음 권에도 영향을 줄 수는 있다. 하지만 절대적인 것은 아니다.

시리즈의 단점은 1권이 실패하면 2권부터 중단하거나 단권으로 진행해야 한다는 것이다.

다음은 필자가 기획해서 1권만 출간하고 2권부터는 포기하거나 보류한 시리즈들이 있다. '오늘을 살아가게 하는 힘' 시리즈와 '북즐 IT' 시리즈, 그리고 '북즐 공부법' 시리즈가 그것이다. 이상에서 언급했듯이 시리즈 1권의 판매량이 저조해서 2권의 진행을 포기하거나 현재는 보류하고 있다.

▲ 온라인 서점(예스24)에 등록된 시리즈 화면

출판기획의 한계를 넘어

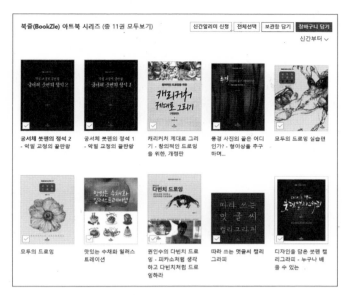

▲ 온라인 서점(알라딘)에 등록된 시리즈 화면

11-3. 기획 후 작가를 확보하는 5가지 경로

필자가 생각하는 기획 후 작가를 확보하는 5가지 경로에 대해 알아 보겠다. 이 내용은 주관적인 것이므로 가감해서 받아들이면 좋겠다.

❶ 인맥을 통해서 작가를 섭외할 수 있다.

책을 기획한 후 작가의 섭외에 있어서 가장 먼저 하는 것이 자신의 인맥에서 찾는 것이다. 예전에 부동산 투자에 관한 책을 기획한 후 지 인 중 부동산 관련 업종에 종사하는 분을 섭외해서 진행한 적이 있다. 현업에서 그 일을 하고는 있지만 직접 글을 쓰는 일은 쉽지가 않아서 결국에는 출간을 포기했다.

❷ 한번 작가면 영원한 작가이다.

필자의 경우 한번 인연을 맺은 작가와 다음 출간물을 함께 의논하는 것을 좋아한다. 필자가 만난 모든 작가가 해당 사항이 있는 것은 아니다. 책을 출간했는데 반응이 좋았던 작가를 그 대상으로 그다음 책을 기획하고 진행한다.

❸ 작가의 지인이 나의 작가가 될 수 있다.

이런 경우가 있었다. 필자가 기획한 책을 A 작가가 집필해서 반응이 좋았다. 그다음 기획물의 작가를 섭외하는데 A 작가가 학교 동문인 B 작가를 소개해 줘서 그 책을 만들 수 있었다. 작가의 지인이 필자의 새로운 작가가 된 경우이다.

❹ 외부에서 의뢰가 온 경우에는 보석을 잘 알아봐야 한다.

출판기획 중인 책의 작가를 섭외하는 중 마침 그런 내용의 원고가 출간 의뢰로 들어오는 경우가 있다. 이 경우 원고를 잘 분석한 후 보충 및 수정 작업을 거쳐서 진행하면 된다. 만약, 예전에 출간한 작가의 다른 책이 있다면 온라인 서점에서 그 책의 판매지수를 확인해 볼 필요는 있다.

❺ SNS를 활용해서 작가를 섭외하자.

필자의 경우 작가 섭외 시 페이스북, 인스타그램, 유튜브를 주로 많이 검색한다. 페이스북을 통해서 작가의 섭외 경험은 있다. 요즘은 주로 유튜브에서 미래의 작가를 찾아보고 있다. 쉽지는 않은 방법이지만, 도전해 볼 가치는 있다고 본다.

출간계획서의 의미와 작성법

출간기획서의 의미와 출간기획서 작성법에 대해 알아보겠다.

12-1. 출간기획서의 의미와 지향점

출간기획서는 미래에 대한 안전장치이다.

예전에 이런 일이 있었다(앞에서도 언급했지만). 어느 작가와 책을 계약했다. 계약 전 목차와 2꼭지 정도의 본문 원고도 받았다. 1년 뒤 작가에게 받은 원고는 전혀 다른 원고였다. 지금도 왜 그런 일이 일어났는지 이유를 모르겠다.

그 원고를 받고 작가에게 출간기획서와 목차를 보여주면서 계약을 해지했다. 평소 아는 사이라서 계약 위반에 대한 위약금은 청구하지는 않았다. 계약금만 회수하고 끝냈다. 인간관계도 끝냈다. 그 원고를 기다린다고 허비한 1년이라는 시간이 아까웠다. 그 책은 그런 일이 있

출판기획의 한계를 넘어

고 나서 3년 뒤 다른 작가와의 계약으로 출간이 되었다.

출간기획서는 출간기획서일 뿐이다.

출간기획서와 전혀 다른 원고를 받을 경우도 있지만, 대부분 그렇지 않다. 출간기획서는 작가가 집필을 시작하면서 변경될 수도 있다. 언제든지 그 점은 염두에 두자. 그렇다고 전혀 다른 원고가 나오면 안 될 것이다. 예를 들어 우주에 관해 기획한 책인데 자동차에 관한 책이 나오면 안 될 것이다.

출간기획서는 단기 목표를 세우는 기초 자료가 된다.

출간기획서를 작성하다 보면 단기 목표가 중기 또는 장기 목표로 되어 가는 경우가 있었다.

필자의 경우 여러 시리즈를 기획하면서 출간기획서를 작성하는데 작성할 때마다 업그레이드가 되는 것을 느낄 수 있었다.

처음에는 몇 권의 시리즈를 내려고 했지만, 반응이 나쁘지 않아서 계속 그 분야 시리즈를 출간하려고 출간기획서를 작성했다.

12-2. 출판사 출간기획서 작성법

출판사마다 출간기획서 양식이 있을 것이다. 다음은 필자가 사용하

출간기획서

예상 제목		출판디자인의 시작		
예상 저자	박정호		작성일	202X년 XX월 XX일
예상 면수	224쪽 정도		출간예정일	미정
분류	**NEW북즐시리즈**			

예상 독자	Main	출판편집 디자이너, 출판사 직원, 일반 디자이너
	Sub	출판디자인에 관심이 있는 대학생이나 일반인
콘셉트		출판디자인에 대한 일반적인 이론과 작가의 실전 노하우를 담은 책
목차		Part 01. 출판디자인의 시작 Part 02. 표지 디자인 테크닉 Part 03. 본문 디자인 테크닉 부록. 작가의 디자인 노트
판형		46판(128mm*188mm) 또는 신국판 / 본문은 4도(컬러)로 제작
예상 가격		14,000원 ~ 17,000원 사이
집필 포인트		1. Part 01: 작가의 출판디자인에 대한 사견과 본인의 스토리 2. Part 02: 표지 디자인 테크닉 20가지 3. Part 01: 본문 디자인 테크닉 30가지
기타		1. 2. 3.

▲ [출간기획서] 샘플 화면

는 출간기획서 양식이다. 참고만 하기 바란다.

출간기획서에는 예상하는 도서명, 예상 독자 타깃, 책의 콘셉트, 예상 목차, 집필 포인트 등의 내용이 들어가야 한다. 그리고 책의 판형, 예상 가격이 들어가면 좋을 것이다.

가능하다면 한 장으로 정리된 출간기획서를 작성할 것을 추천한다. 불가피한 경우라면 여러 장으로 작성이 되겠지만, 한 장으로 만들어 한눈에 보면 좋을 것 같다.

예비 작가가 먼저 제안한
경우의 진행하는 방법

출판 기획물을 예비 작가가 먼저 제안한 경우에 대해 알아보겠다.
일종의 '작가 원고 투고'라고 보면 된다.

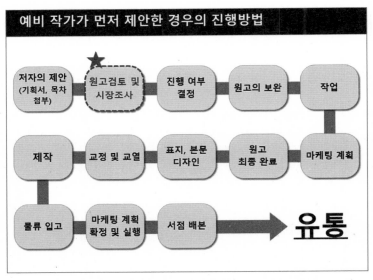

▲ 출판 기획물을 예비 작가가 제안한 경우의 전체 흐름도

13-1. 원고 검토에서 계약 및 탈고까지

예비 작가가 투고한 원고의 검토에서 계약 및 탈고까지의 업무 진행에 대해 알아보겠다.

❶ 1차 원고 검토

작가에게 받은 원고에서 목차와 본문 2~3꼭지를 검토해 보자. 1차 원고 검토에서 확신이 들면 진행하면 된다. 필자의 경우 95% 정도는 이 과정에서 출간을 포기했다. 나머지 5% 정도만이 이 단계를 넘는 것 같다.

❷ 작가와의 계약서 작성방법

작가와 계약을 한다면 처음 만나는 것도 좋지만, 일단은 작가의 요구사항들을 수렴한 후 계약서를 만들어서 이메일로 보내고 수정 및 보안 작업을 거친 후 최종 미팅을 해도 된다. 시간적 여유가 많다면 계약 전 여러 번의 미팅도 가능하다.

❸ 작가와 계약 시 원고 집필에 대한 규칙 설명

보통 출판사마다 업무 진행 스타일이 있다. 집필 시 이미지 파일의 처리와 원고를 작성하는 프로그램, 참고문헌 정리에 대해 서로 이야기를 나눌 필요가 있다.

❹ 2차 원고 확인

작가와 계약을 한 후 어느 정도 시간이 지난 시점에서 작업 중인 원고를 일부분 받아서 진행을 파악해 보는 것도 좋은 방법이다. 작가의 집필 일정을 고려해서 진행하자.

❺ 탈고

작가의 탈고된 원고를 받으면 전체적인 파트와 장을 확인하고 기획 의도대로 집필이 되었는지 확인한다. 이상한 부분이 있거나 미비한 부분이 있다면 수정이나 추가 원고 작업을 요청하자. 원고가 디자인 작업이 들어간 후 수정하거나 추가하는 것보다는 그전에 원고를 보완하는 편이 좋다.

13-2. 원고 관리에서 최종 디자인된 PDF까지

작가가 탈고한 원고는 항상 백업하기 위해서 외장하드디스크에 저장한다. 그리고 파일로 교정, 교열을 외주로 보내거나 자체에서 진행한다. 교정된 파일이 완성되면 디자이너에게 디자인 작업을 의뢰한다.

디자인 작업 의뢰 시 다음과 같이 [디자인 작업 의뢰서]를 만들어서 사용하면 좋겠다(72p). 지금 작업을 넘길 책의 제작은 어떻게 진행

출판기획의 한계를 넘어

할 것인지 확인할 수 있는 문서이다.

[디자인 작업 의뢰서]를 보다 보면 표지와 본문이 진행되는 사항들을 한 번씩 점검할 수 있다. 그리고 최종 PDF가 나올 때까지의 일정을 관리할 수 있어서 편하다.

디자인된 원고는 출력해서 1차~3차까지 교정작업을 진행한다. 4차부터는 PDF 파일을 주고받으면서 진행하면 된다.

최종 본문과 표지의 인쇄용 PDF가 완성되면 출력소 웹하드에 전송한 후 제작을 진행한다.

디자인 작업 의뢰서

항목	내용	비고
도서명	**가볍게 읽는 세계사**	**북줄 지식백과 시리즈 5**
부제	세계사의 흐름을 잡아주는	
판형 및 책 사이즈	**신국판(152mm*225mm)**	표지날개 사이즈 : 10Cm
본문 작업 도수	2도	1. 백상지 100g 예상 2. 본문 종이 규격 : 636mm × 939mm
표지 작업 도수	4도	후가공 : 모래무늬
특징	예상가격 : 13,000원	

작업 요청 내용	**1. 표지 디자인** **- 북줄 지식백과 시리즈 5번** <제목> ---> 텍스트는 기존과 같은 스타일로 디자인하면 됩니다. 세계사의 흐름을 잡아주는 **가볍게 읽는 세계사** **2. 본문 디자인** - 본문 중 **붉은색 부분**과 진하게 해둔 부분이 2도 작업 부분입니다. - 본문에 들어가는 이미지의 크기는 명함 크기 정도면 될 것 같아요. - 본문 디자인 시 참고 사항: 구두전달요. - 행간 한 칸, 두 칸 차이점. 그리고 행간 여유 있게 작업. **3. 판권 부분 내용** - 저자: **김우태** - 교정, 교열: 김지연 **4 추후 전송** - 표지 내용 일체 - 표1 작가 약력, 표4 날개 광고, 표4 문구

▲ [디자인 작업 의뢰서] 샘플 화면

출판기획의 한계를 넘어

신간 도서의
시장조사 방법

기획한 책을 출간하기로 최종 결정이 되었다면 보통 출판사에서는 신간 도서의 시장조사를 다음의 단계로 진행한다. 출판사마다 다르겠지만, 참고하면 좋겠다.

1단계는 같거나 유사한 도서의 종수를 파악한다.

2단계는 여기서 판매가 잘되고 있는 도서의 목록을 뽑는다. 시장조사 중 판매 수치가 낮다고 판단이 된다면 신간 출간을 포기 또는 보류하자는 결론을 얻을 수도 있다. 신간 출간을 포기한다면 작가에게 준 계약금만 잃으면 된다. 보류하는 경우에는 작가가 오해하지 않도록 잘 설명해야 한다.

3단계는 5권~10권 정도로 목록을 뽑은 후 관련 도서들을 모두 구매해서 내용을 분석한다. 구매가 어려운 책은 도서관에서 확인하면 된다. 최종적으로 필요한 책은 구매하는 것이 좋다.

4단계는 각 도서의 특징이나 장점을 정리한다. 이 단계의 작업을 잘하는 어느 출판사는 자료들을 파워포인트를 이용해서 자체 프레젠테이션을 진행하면서 토론한다고 한다. 이 단계가 잘 진행되면 다음 단계에서 좋은 부분들이 책에 추가가 되기도 한다.

5단계는 발행할 신간 도서의 콘셉트를 잡을 수 있는 자료들을 제시한다. 기존에 나온 도서에 없는 내용이거나 좀 더 보완될 필요가 있는 내용이 들어가도록 제안한다.

시장조사는 기본적으로 해당 기획과 비슷한 책이 시장에 나왔는지를 살펴보는 것으로부터 시작된다.

인터넷 검색을 통해 비슷한 책을 알아보고 여기서 시장 반응을 살펴볼 대표 도서를 몇 개 정도 정한다.

그다음 판매 부수를 파악하고 서점 담당자와의 면담을 통해 시장 반응을 살피고, 기존 도서의 부족한 측면이 무엇인지, 자사의 기획은 어떤 방향으로 가야 하는지를 파악한다.

판매 부수는 인터넷서점이 제공하는 판매지수를 이용해 대강은 유추해 낼 수 있지만, 정확하게는 알 수 없다. 서점 직원에게 판매 데이터를 물어볼 수도 있고 해당 출판사의 영업자에게 물어볼 수도 있다.

만약, 자사의 기획과 비슷한 책이 한 종이라도 없다면 자사의 책이 시장에 나왔을 때 얼마만큼의 반응을 끌어낼 수 있는지 알아볼 필요가 있다. 서점 직원과의 면담을 활용할 수도 있고, 자신의 주변 사람들을 통해 알아볼 수도 있다.

초보 출판기획자의 경우, **출판기획은 거침없이 하더라도 시장조사는 정밀하게 하는 것이 최선이다.** 시장조사에서 한 단계 성장하는 자신을 발견할 것이다.

신간 도서의
가격 책정하는 방법

신간 도서의 가격(정가)을 책정하는 2가지 방법에 대해 알아보겠다. 필자가 제시하는 방법 외에도 다른 방법들이 있을 것이다.

15-1. 총 제작비용을 이용한 방법

총 제작비용을 이용해서 신간 도서의 가격을 정하려면 책 제작에 들어가는 최종 비용을 산출해야 한다(참고로 최종 비용에 들어가는 항목으로는 종이비, 인쇄비, 출력비, 제책비, 코팅비, 교정비, 디자인비 등이 있다). 그런 다음 전체 제작비용에서 제작 부수를 나누면 권당 제작비용이 산출된다. 권당 제작비용이 나오면 그 금액에서 ×3, ×4를 한다.

예를 들어 권당 제작비용이 3,000원인 경우 ×3을 하면 9,000원이고 ×4를 하면 12,000원이다. 9,000~12,000원 사이에서 정가를 정하면 되는 것이다.

출판기획의 한계를 넘어

왜 ×3, ×4를 하느냐고 묻는다면 다음과 같이 설명하고 싶다.

책을 제작하는데 필요한 총 제작비용 외에 인건비, 물류비, 홍보비 등이 필요하다. 그리고 책이 서점으로 출고될 때 정가에서 35%~40% 할인을 해서 공급이 된다. 즉, 출고율이 60%~65%가 되는 것이다(정가가 10,000원인 책이 서점에 6,000원이나 6,500원에 공급된다). 이 모든 것을 고려해서 통상적으로 권당 제작비용의 3배~4배 사이에서 정가를 정하는 것이다.

총 제작비용으로 신간 도서의 가격을 정하려면 출판제작에 대한 지식이 필요하다. 그리고 종이, 인쇄, 제책 등의 기본적인 단가와 종이 연수 계산, 인쇄 판수 계산, 제책비 산출 방법에 대해 알아야 한다.

필자가 집필한 『출판제작 가이드북』을 참고하면 좋겠다.

제작 원가표

제 목	도서명			인세	7%		<신간>	
				예상판매부수			기획자	
규 격	152*225mm	내 지	국전지	항목	내지(본문)		표지	
페 이 지	144	지 질	100g백상지	편집단가	4,500		700,000	
발행부수	1,300	본문도수	2도	출력단가				
부록 1	없음	부록 2	없음	지대단가	32,270		232,218	
책가격(원)	12,000	할인(60%)	7,200	인쇄단가	4,000		9,000	
책임디자인		보조자		소부단가	9,000		9,000	

분류	내역	수량	단위	도수	단가(원)	금액	비고1	비고2
내지 (본문)	교정비		P					
	편집비	144	P		4,500	648,000		
	지대	13	R		32,270	419,510		국전지
	인쇄	12	R	4	4,000	192,000	2도/2도	
	소부	20	판	1	9,000	180,000		
	소 계					1,439,510		
표지 (카바)	디자인		P			700,000		
	지대	0.6	R		232,218	139,331		46전지
	인쇄	1	R	4	9,000	36,000	4도/0도	
	소부	4	판	1	9,000	36,000		
	면지	0.6	R		180,285	108,171		110g
	코팅	1	R		110,000	110,000	모래무늬	
	소 계					1,129,502		
제본	제본비	1,300	부	1		250,000	기본	
	날개		부	有		8,920	댐지비	
	소 계					258,920		
손익	인세(7%)	1,300			840	1,092,000		
	파손/반품	1,300			–	–		
	운반비	1,300				–		
	소 계					1,092,000		
	합 계					3,919,932	참고사항	
	부 가 세					391,993	1.	
	총 합 계					4,311,925		
	권당단가					3,317		

▲ 제작비용을 구하는 [제작 원가표] 샘플 화면

15-2. 마케팅을 위한 전략적인 방법

마케팅을 위한 전략적인 방법으로 정가를 정하는 방법은 경쟁 도서의 가격을 보고 정하는 방법이다. 세계사에 관한 도서를 만드는데 세계사 관련 책들의 정가가 13,000~15,000원대로 형성되어 있다면 정가를 최대 15,000원 이상으로 정하기는 쉽지 않다.

경쟁 도서들의 책 판형, 본문 쪽수, 본문 도수 등을 파악해서 비슷하게 책정해야 한다. 자사의 책이 월등하게 좋다면 몰라도 비슷한 책들끼리의 경쟁에서는 시장에서 형성된 가격을 무시할 수는 없다.

필자가 출판사에 근무할 때에 신간이 나올 무렵이면 항상 신간에 대한 [제작 원가표]를 만들어서 편집부에 제공했었다. 추가 비용이 발생하는 책의 경우에는 추가되는 비용을 물어보고 그 부분을 [제작 원가표]에 넣었다. 보통 삽화 비용이나 번역 비용이 추가되는 비용이었다.

편집부는 필자가 제공한 [제작 원가표]를 참고해서 영업부와 상의를 거쳐 최종 정가를 정했다.

아무리 좋은 책이라고 하더라도 그 시장에 새롭게 진입하려면 기존에 형성된 도서의 정가를 참고하지 않을 수 없다.

베스트셀러 책들이
가지고 있는 일정한 원칙

베스트셀러 책들이 가지고 있는 일정한 원칙에 대해 알아보겠다. 이것은 필자의 주관적인 생각이므로 참고만 하기 바란다.

❶ 제목에서 호기심을 유발하게 한다.

책 제목은 매우 중요하다. 필자가 출판사 근무 시기에 제목을 정하기 위해 많은 시간을 소요하는 것을 보았다. 책 제목을 정하는데 소요하는 시간은 책의 핵심 부분에 대한 투자인 것 같다. **책 제목에서 자연스럽게 호기심을 유발하도록 하자.**

❷ 보편타당하게 인정되는 인지도나 권위가 있다.

책 제목이나 카피에서 풍기는 인지도나 권위에 독자들은 책에 손이 간다. 제목이나 카피에서 품위 있는 단어로 권위감을 잡고 동시에 인지도가 올라갈 수 있도록 해보자.

❸ 외국에서 인정받은, 그리고 국내에 경쟁 도서가 드물다.

베스트셀러 책들을 보면 국내에 경쟁 도서가 거의 없다. 대부분 외국에서 판매량이 좋은 책의 국내 번역본들이다. 외서를 보는 눈을 키워 국내에 경쟁 도서가 없는 책을 만들어보자.

❹ 작가 또는 시리즈의 인지도가 있다.

유명 작가의 영향력은 대단한 것 같다. 유명 작가가 출간하는 책은 그 자체가 언론에 노출이 되어 자연스럽게 광고가 된다. 어느 출판사에서는 유명한 A 작가의 원고를 교정하는 전문 인력이 있다고 한다. 평소에 다른 일을 하다가 A 작가의 원고가 들어오면 바로 투입된다고 했다. 유명 작가의 유명 시리즈는 한결같은 매출이 보장된다.

❺ 시대의 핵심 단어를 포함한 주제를 설정한다.

매년 화제가 되는 핵심적인 단어가 있다(없는 해도 있지만). 핵심적인 단어에는 '화', '힘', '대화', '부동산', '재테크', '경매', '인문학', '세계사', '주식', '통장', '글쓰기', '독서법', '공부법', '경제학' 등이 있으며 이런 단어들이 책 제목에 들어가 있다.

❻ 책 분량이 많지 않고 적당하다.

베스트셀러 책 중에는 의외로 책 분량이 많지 않은 책들이 있다. 어느 출판편집 전문가가 이런 말을 했다.

"책을 편집할 때 본문의 페이지가 중요한데 독서를 많이 하는 독서광들의 이야기를 들으면 224P~256P 사이의 분량이 좋다."

필자의 경우, 본문을 224P 또는 240P 또는 256P로 편집이 되도록 노력하고 있다. 가능하면 1교 진행 시 대수를 맞추려고 노력하고 안되면 2교 진행 시에는 대수를 맞춘다.

출판기획의 한계를 넘어

기획 도서의 콘셉트

콘셉트란 무엇이며 기획 도서의 콘셉트를 잡는 방법에 대해 간략하게 알아보겠다.

17-1. 콘셉트(Concept)란?

콘셉트란, 어떤 작품이나 제품, 공연, 행사 따위에서 드러내려고 하는 주된 생각이나 개념을 말한다.

출판에서의 경우에는 비슷한 도서, 경쟁 도서들과의 차별점과 차별적 우위를 부각하게 하는 것을 말한다. **콘셉트의 중요한 점은 차별화 전략이다.**

한눈에 책의 모든 것을 최고로 부각해서 독자들의 호기심과 구매 욕구를 자극해야 한다. 그것을 위해 **책의 핵심 콘셉트는 15자~20자로**

정리할 수 있어야 한다.

책이 독자에게 일방적으로 던지는 대화로의 초대라고 한다면 콘셉트는 초대받은 독자가 어떤 대화냐고 질문할 때 응하는 답변이다. 즉, 이 책은 어떤 책이냐는 질문에 관한 간단하면서도 단호한 한마디라고 보면 된다. **책에 대한 콘셉트는 최대한 짧고 명확하게 정의 내릴 수 있어야 한다.**

17-2. 기획 도서의 콘셉트 잡는 방법

먼저 신간 보도자료부터 작성해 보자. 그리고 광고 문안을 만들어 본다.

오프라인 서점을 방문하거나 온라인 서점에서 도서들의 목록을 검토한다. 그리고 경쟁 도서의 판매지수, 독자층 등을 검토한다.

지인들이나 출판업계 종사들에게 자문을 부탁한다.

항상 염두에 둘 것은 콘셉트를 잡을 때 빠지기 쉬운 함정이다. 즉, 독자의 기대나 궁금증을 없애버리는 콘셉트는 금물이다. 그리고 **독자층이 잡히지 않는 콘셉트는 다시 생각해야 한다.**

처음은 어려울 수 있다. 하지만, 반복적으로 기획 도서의 콘셉트를

출판기획의 한계를 넘어

잡다 보면 조금씩 나아지리라 생각한다. 계속 시도해 보고 피드백을 받아보고 수정하고 보충하도록 하자.

시리즈 책의 경우 한번 잡은 콘셉트를 가지고 계속 책을 만들면 된다. 하지만, 한 번 정도는 잡은 콘셉트가 맞는지 되돌아볼 필요가 있다. 필자의 경우 앞에 출간한 시리즈 중 특정 도서의 판매가 좋지 않으면 다시 고민에 빠진다. 그 시기가 잡아둔 콘셉트를 되돌아보는 시점이 되었다.

기획 도서의 콘셉트

▣ 기획 도서의 콘셉트 잡는 방법
- 신간 보도자료부터 작성해 본다.
- 광고 문안부터 만들어본다.
- 오프라인 서점을 방문하거나 온라인 서점에서 도서들의 목록을 검토한다.
- 경쟁 도서의 판매지수, 독자층 등을 검토한다.
- 지인들이나 출판업계 종사자들에게 자문을 구한다.

✔ 콘셉트를 잡을 때 빠지기 쉬운 함정
- 독자의 기대나 궁금증을 없애버리는 콘셉트는 금물이다.
- 독자층이 잡히지 않는 콘셉트는 다시 생각한다.

▲ 기획 도서의 콘셉트 잡는 방법

출판의 3가지 기본 구성

출판의 3가지 기본 구성인 콘텐츠(Contents), 편집(Edit), 디자인(De-sign)에 대해 알아보겠다.

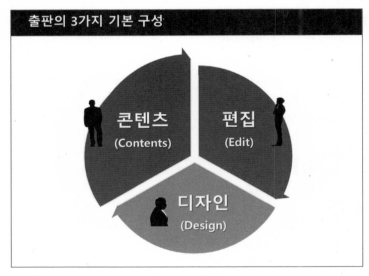

▲ 출판의 3가지 기본 구성

18-1. 콘텐츠(Contents)

좋은 아이디어가 떠오르면 출간기획서를 작성하자.

아이디어가 떠올라 자신의 것으로 만들고 싶다면 반드시 출간기획서를 작성하는 습관을 갖자. 정리된 문서는 신비한 힘을 가지고 있다. 공중에 떠다니는 수증기가 액체로 모여지는 느낌이다. 아이디어와 정보를 출간기획서로 작성할 줄 아는 능력이 필요하다.

출간기획서는 하나의 설계도와도 같다.

구체적으로 책의 내용을 예측하고 독자들의 욕구를 파악하여 책을 만들게 된다면 스테디셀러에 근접하는 책을 만들 수 있을 것이다.

냉정한 사고와 균형 감각+1Page 출간기획서+자료 조사

18-2. 편집(Edit)

교정과 교열 작업은 다음의 순서대로 진행된다.

원고 받기 ⟶ 원고 파일 교정 ⟶ 1교~3교까지는 교정지로 교정 ⟶ 4교부터는 PDF로 교정 ⟶ PDF(출력용) 검수

작가로부터 원고를 받으면 기획 의도에 맞게 글이 작성되었는지, 글

의 순서나 구성을 바꿔야 할 곳은 없는지, 글의 전개는 매끄러운지 등을 점검한다.

원고 파일을 검토할 때에는 일반적으로 용어를 통일하거나, 문장을 다듬거나, 오자와 탈자를 수정하는 등의 작업을 하게 된다. 현장에서는 이를 '컨버전(Conversion) 작업'이라고 한다.

컨버전 작업 시 점검사항들

-제목의 서술 방식은 통일되어 있는가?

-소제목, 번호 체제 등의 체제는 잘 갖추어져 있는가?

-용어 및 띄어쓰기, 맞춤법은 통일되어 있는가?

-오자와 탈자는 없는가?

-별면으로 처리할 원고 내용이 있는지 살펴본다.

-장별로 페이지를 나누어 본다.

교정, 교열 작업 시 중점을 두어야 할 사항들

-원고가 제대로 조판되었는가?

-원고의 분량은 적당한가?

-인쇄 대수를 맞추었는가?

-레이아웃이 제대로 적용되었는가?

-체제는 제대로 갖추어졌는가?

-수정사항은 제대로 반영되었는가?

-목차에 있는 본문 페이지 번호가 정확한가?

-본문 하단의 책 제목과 장 제목이 정확한가?

-판권, 찾아보기, 참고도서 등에는 오류가 없는가?

교정된 파일이 넘어오면 해야 할 것들

-작가의 의도대로 파일 교정이 되었는지 파악한다.

-원고를 읽으면서 내용의 흐름을 확인한다.

-원고의 구성(파트, 장, 별면 등)을 살펴본다.

-본문 중 별도로 디자인이 필요한 부분이 있는지 다시 확인한다(사진 설명이나 도표, 차트 등).

18-3. 디자인(Design)

책 콘셉트에 맞도록 디자인해야 한다. **책의 콘셉트에 맞는 본문과 표지를 디자인하려면 가장 먼저 본문의 내용을 파악해야 한다.**

본문은 어떻게 구성되어 있는지, 어떤 체제를 갖추고 있는지, 어떤 내용을 담고 있는지를 알고 있어야 콘셉트를 잡을 수 있고, 이에 따라 본문과 표지의 디자인을 할 수 있기 때문이다.

책의 콘셉트에 맞는 디자인을 하기 위해서는 출판기획자나 출판편집자가 책의 내용과 구성을 완전히 파악한 후 이에 맞는 글자의 형태(글꼴), 크기, 배치, 색깔, 배경 그림, 삽화 등을 전체적으로 고려해서 디자인해야 한다. 즉, 디자이너가 콘셉트에 맞는 디자인을 할 수 있도록 작업을 의뢰해야 한다.

우리 주변에 출판되는 여러 책의 디자인은 그야말로 다양하지만, 어느 정도 일정 패턴을 지니고 있다는 것을 염두에 두고 디자인하는 것이 좋을 것이다.

본문과 표지를 책의 콘셉트에 맞게 디자인한다는 것은 책의 내용과 어울리도록 디자인해야 한다는 것을 의미하기도 한다. 그리고 책의 종류나 성격에 맞게 디자인해야 한다는 것을 의미하기도 한다.

작가와의 소통

① 좋은 책은 좋은 원고에서 시작된다.

② 작가는 해당 분야의 전문 지식을 갖춘 사람이지만, 책의 콘셉트와 타깃에 대해서 이해가 부족할 수 있기에 원고의 시작에서 탈고, 편집, 제작 과정까지 출판기획자나 출판편집자의 역할이 중요하다.

③ 책의 기획에서 제작까지 주도권은 출판기획자나 출판편집자가 쥐고 있어야 하며 질 좋은 원고를 위해서는 작가와 끊임없이 소통해야 한다.

④ 이미지 캡처는 Tif 파일로 만들고, 원고 작성은 한글 2018 이상의 버전에서 작성하는 등 집필과 관련된 세부항목과 규칙을 작가와 사전에 조율한다.

⑤ 집필 과정 중에 원고를 수시로 점검해서 문제점이 나타나면 즉시 작가와 공유하고 수정함으로써 탈고 이후의 작업을 최소화해야 한다.

⑥ 원고를 탈고했다고 해서 작가와의 소통이 끝나는 것은 아니다. 편집 및 제작 과정에서 작가와의 소통이 더욱 중요하다. 진행 시 진행되는 과정을 이메일이나 문자로 알려주면서 작가의 의견을 수렴해서 좋은 부분은 반영되도록 하자.

책 기획과 현실화 단계

책 기획 시 필요한 현실화 단계가 무엇이며 어떻게 진행되는지 알아
보겠다.

19-1. 현실화 단계

**기획한 책에 대해서 주변 전문가들의 반응을 취합하고 시장조사를 거치는
과정을 말한다.**

자신의 주변에 있는 출판편집자, 출판기획자, 출판영업자들을 만나
거나 전화나 이메일로 자문 받으면 된다. 이러한 지인들이 없다면 관
련 온라인 카페에 가입해서 인맥을 만든다.

필자가 출판 입문 시기에 시행착오를 줄일 수 있었던 것은 기획된
아이템을 지인들에게 보여주고 자문 받은 덕분이라고 생각한다. 누가

나의 아이템을 따라 할 수도 있다. 하지만, 자문 받는 것이 더 이롭다고 생각한다.

지인들에게 자문 받고 포기한 책들을 만약 모두 출간했다면 필자는 아마도 다른 일을 하고 있을 것이 뻔하다. 이 자리를 빌려 그분들에게 감사드립니다.

19-2. 냉정한 현실화 단계

출판기획을 하거나 출간을 의뢰받은 책을 출판하기에 앞서 현실화 단계를 꼭 거쳐야 한다.

본인이 기획한 기획물이나 투고된 원고를 혼자서 보고 출간을 결정하는 것은 매우 위험한 일이다. 항상 '돌다리도 두들겨 본다.'라는 심정으로 현실화 단계를 거쳐야 한다.

이미 계약한 책이더라도 책을 진행하는 과정에서 멈출 수 있는 시간이 있다. 작가에게 준 계약금을 포기하고 만나서 전후 사정을 이야기한 후 마무리하면 된다.

출판기획은 거침없이 하더라도 현실화 단계는 꼭 거친 후 출간을 해야 한다는 사실은 출판사를 운영하면서 매 순간 느끼고 경험하는 소중한 자산으로 남았다.

실패한 기획에서 배운 교훈

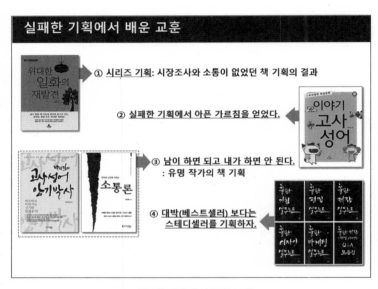

▲ 실패한 기획에서 배운 교훈

① 시리즈 기획: 시장조사와 소통이 없었던 책 기획의 결과는 참담
했다. 시리즈 1권의 실패는 기획된 2권, 3권의 계획을 모두 취
소하게 했다.

② 실패한 기획에서 아픈 가르침을 얻었다. 다행히 작가의 도움으
로 멈출 수 있었다.

③ 아무리 유명한 작가의 책이라고 해도 영업력이 없는 출판사에

서 출간되면 실패한다.

④ 베스트셀러보다는 스테디셀러를 기획하자. '북즐' 시리즈는 지금의 출판사를 있게 만든 시리즈다. 필자가 가장 잘 아는 분야의 책이라 출판기획과 작가 섭외가 쉬울 줄 알았지만, 모두 쉽지 않았다. 그때 배운 것은 지식이 많다고 책을 쓸 수 있는 것은 아니라는 것이다. 작가 섭외가 너무 어려웠다.

출판·제작(편집&디자인)모임

http://cafe.daum.net/bookmakepeople

성공하는 출판기획

필자가 기획한 책이 크게 히트한 경우는 없다. 그래도 기획한 책들이 조금씩은 움직인다. 언젠가는 내세울 수 있는 대표작이 나오지 않을까? 출판기획의 한계를 넘고 싶다.

성공하는 출판기획을 위해 필요한 것들에 대해 알아보겠다.

❶ 독자들이 필요로 하는 책을 기획하자.

독자들이 필요로 하는 책의 발견에서 성공하는 출판기획이 시작된다.

각 분야에 걸쳐서 독자들이 원하는 책이 있을 것이다. 그런 책을 빨리 알아내면 좋겠다. 그 책의 판매 데이터는 온라인 서점의 판매지수를 참고하면 좋을 것 같다.

항상 그 책이 필요한 사람에게서 답이 나온다. 필자가 기획한 '북즐' 시리즈가 있는데 이 시리즈는 출판일을 하기 위해 알아야 할 출판기획, 출판편집, 출판제작, 출판디자인, 출판마케팅에 관한 내용을

출판기획의 한계를 넘어

담고 있다.

어느 날 필자의 지인에게 전화가 왔다.

"출판사를 창업하고 싶은데 출판사 창업에 관한 책이 있으면 추천을 부탁해요."

필자는 그 전화에서 아이디어를 얻었다. 기존에 출간된 '북즐' 시리즈 6권에서 출판사 창업에 필요한 부분을 뽑아서 출판사 창업 책을 만들기로 했다. 그렇게 나온 책이 『1인 출판사 창업 실무노트』이다. 이 책은 초판 2쇄까지 나왔으며 지금은 제목이 『내 출판사 창업 성공하기』로 변경된 개정판이 나와 있다.

❷ 인맥 관리를 잘하자.

평소 인맥 관리를 잘해야 한다.

쉽지는 않다. 간혹, 필요할 때만 전화가 오는 지인이 있었다. 필자는 열심히 알아봐 줬다. 도움을 주는 내면에는 다음에 필자도 도움을 받을 수 있을 것이라는 생각에서 도움을 준다. 하지만, 다음에 도움을 받을 확률은 별로 없었다. 항상 도움을 요청하는 사람은 요청만 할 뿐이었다. 인맥 관리에는 새로운 인맥과의 만남도 있지만, 인맥의 정리도 포함된다.

예전에 기획 중인 책의 작가를 섭외하는 중 필자와 2종의 책을 진행한 K 작가의 소개가 큰 도움이 되었다. K 작가의 소개로 드로잉 책 3종이 순조롭게 출간될 수 있었다. 항상 도움을 주는 사람은 별다른 이유 없이 도움을 주는 것 같다.

❸ 자신이 가장 잘 만들 수 있는 분야를 찾자.

자신이 가장 잘 만들 수 있는 분야를 찾아보자.

찾다 보면 적당한 아이템과 작가를 찾을 수 있다. 자신이 가장 잘 아는 분야의 경우 새로운 출간기획서나 원고를 보는 눈이 확실히 뛰어날 것이다. 특히, 실패가 예상되는 출간기획서나 원고를 피할 수만 있다면 일단은 성공이다. 세월이 흐르고 자신의 경험이 쌓인다면 좋은 출간기획서나 원고를 분명히 찾을 것이다.

❹ 1+1 출판기획을 하자.

필자의 경우 1+1 출판기획을 해 본 경험이 있다. 한 권의 책을 만들면서 그 책의 이론을 이용한 실습하는 책을 함께 만든 경험이 있다. 드로잉에 대한 책으로 제목은 『모두의 드로잉』이다. 이 책을 활용해서 실습하는 책의 제목이 『모두의 드로잉 실습편』이다. 이 두 종의 책은 크라우드펀딩 플랫폼인 텀블벅을 이용해 책 제작비용을 충당했었다. 준비하고, 진행하는 과정은 힘들었다. 출간 예정인 책의 출간 일정을 모두 세우고 책이 나온 후 펀딩에 참여한 분들에게 책을 보낼 배송 계획(주소록, 포장, 발송)도 모두 세워야 했다. 펀딩에 참여한 분들은 정해진 기간 안에 책을 받기를 원한다. 최종 출간 일을 정한 후 앞으로 일어날 일들에 대한 기간을 역으로 산출해서 진행해야 했다.

크라우드펀딩 플랫폼은 텀블벅 외에 와디즈, 해피빈 등이 있다. 한번 도전해 보기 바란다.

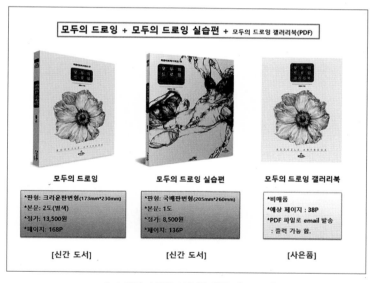

▲ 1+1 출판기획을 이용한 상품 메뉴 구성

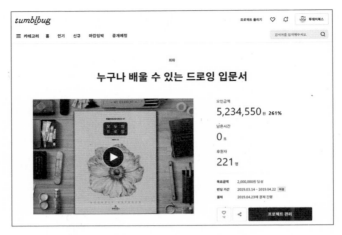

▲ 텀블벅에서의 펀딩 최종 결과 화면

❺ 작가와 좋은 관계를 유지하자.

작가와 좋은 관계의 유지는 출판사 담당자의 노력이 필요하다. 출판사의 진행 일정에 동의하고 잘 따라주는 작가도 있고 그렇지 않은 작가도 있다.

출판사 운영의 여러 가지 요소 중에 작가의 위치는 가장 중요하다고 생각한다. 작가가 만들어 내는 원고가 있어야만 편집, 디자인, 제작, 마케팅 등의 일련의 출판사 업무가 돌아갈 수 있다.

좋은 작가도 있고 까다로운 작가도 있지만, 목표는 하나다. **좋은 책을 만들어서 독자들의 공감을 얻고 매출을 올리는 것이다.** 그 목표만 생각하고 나아가면 된다.

출판기획의 한계를 넘어

작가 집필 계획안의 이해

예비 작가에게 투고 받은 '집필 계획안' 또는 '출간기획서' 또는 '출간기획안'에는 다음의 항목들이 있어야 한다.

작가 집필 계획안의 이해

■ 작가 집필 계획안의 항목들

✔ 예상 제목	✔ 예상 목차
✔ 콘셉트	✔ 핵심 내용(요약 내용)
✔ 기획 의도	✔ 예상 독자층
✔ 경쟁 도서 파악	✔ 마케팅 방법

▲ 작가 집필 계획안의 항목들

작가가 정한 예상 제목, 예상 목차, 원고의 콘셉트, 원고의 요약된 내용이나 핵심적인 내용을 확인해야 한다. 그리고 작성한 원고의 기획 의도나 예상 독자층도 있는지 확인해야 한다. 마지막으로 경쟁 도서들이 있으면 어떤 책이며 책이 나왔을 때 작가가 할 수 있는 마케팅 방법도 필요하다.

신간을 만들면서 느끼는 부분 중에서 작가의 적극적인 홍보 활동이 매우 중요함을 자주 느낀다. 작가가 평소 아는 지인들에게 해주는 홍보 활동(SNS, 카카오톡, 이메일 등)은 출판사에 큰 힘이 된다.

출판기획자는 예비 작가가 보내준 집필 계획안으로 책 출간을 결정해야 하므로 신중하게 검토해야 한다.

예비 작가에게 받은 '집필 계획안' 또는 '출간기획서' 또는 '출간기획안'을 보고 출간에 대한 확신이 없을 때에는 출간하면 안 된다. 조금의 가능성이 있다면 일단 예비 작가에게 이메일로 추가 질문을 하거나 통화를 해보는 것도 좋다. 확신이 들어서 출간해도 실패할 수 있다. 그러므로 궁금한 점은 확인하고 다시 검토하면 좋겠다.

출판기획의 한계를 넘어

책의 판형별 크기

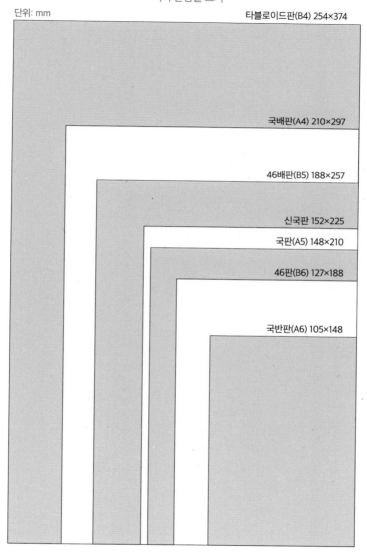

단위: mm

타블로이드판(B4) 254×374

국배판(A4) 210×297

46배판(B5) 188×257

신국판 152×225

국판(A5) 148×210

46판(B6) 127×188

국반판(A6) 105×148

PART
3

출판기획 실전과 도약

돈은 현악기와 같다.

그것을 적절히 사용할 줄 모르는 사람은 불협화음을 듣게 된다.

돈은 사랑과 같다.

이것을 잘 베풀려 하지 않는 이들을 천천히 그리고 고통스럽게 죽인다.

반면에, 타인에게 이것을 베푸는 이들에게는 생명을 준다.

– 칼릴 지브란 –

출판기획 실전

필자가 출판기획을 하면서 경험한 출판기획에 관한 이야기를 하려고 한다. 출판기획의 실전이라고 보면 좋겠다. 아니면 에피소드 또는 경험담 정도로 봐주면 좋겠다.

출판기획 실전

1. 작가 찾아 삼만 리
2. 작가와의 동상이몽
3. 일단 도전해 보자.
4. 우연한 만남
5. 도움을 주려고 했는데 도움을 받다.

▲ 출판기획 실전

❶ 작가 찾아 삼만 리

출판편집에 관한 책을 기획하고 작가 섭외를 할 시기에 있었던 일이다. 섭외한 예비 작가가 있는 사무실로 찾아갔다. 직장 생활 중인 예비 작가가 나올 시간이 없으므로 사무실로 와 달라고 했기 때문이다. 찾아가는 날 비가 엄청 많이 내렸다. 요즘 같으면 약속일을 조정했을 것이다. 10년 전인 그때는 작가 섭외가 급했고 무조건 약속을 지켜야 한다는 고집이 남아 있던 시기였다.

비에 젖은 옷을 대충 털고 예비 작가를 만났다. 이런저런 이야기를 나누다가 그분이 이런 말을 했다.

"「출제모」 카페지기인 분을 만나보고 싶었어요. 전 곧 퇴사하고 창업하니 많이 도와주세요."라고 말했다.

그분과 헤어지고 돌아오는 길에 많은 생각을 했다.

'이 멀리, 이렇게 비가 오는 날, 난 지금 여기서 무엇을 하고 있나?'

삽화가를 섭외하는 것도 쉬운 일이 아니다. 적당한 가격에 적당한 품질이 되는 삽화가를 섭외해야 했다. 비용을 많이 준다면 그런 고민이 필요 없을지도 모른다.

인터넷으로 찾고 물어봐서 찾다가 한 작가와 인연을 맺었다. 그분과 삽화 작업을 잘 마무리하고 새로운 시리즈의 작가로 섭외를 했었다. 작업을 진행하는 중에 필자가 아무 생각 없이 한 말 한마디가 그분의

심기를 건드려서 진땀을 뺀 적도 있었다. 그 일이 있고 나서 서로를 더 이해하는 계기가 되기도 했다. 현재까지 그 작가와 2종의 책을 만들었다.

필자가 다음(DAUM)에서 운영하는 「출제모」라는 온라인 카페가 있다. 여기서 책 집필에 맞는 작가분들을 섭외하고 있다. '캘리그래피' 작가, '바른 우리말' 작가도 여기서 섭외했었다. 요즘은 페이스북, 인스타그램, 블로그, 유튜브에서 예비 작가를 찾고 있다.

간혹, 전화로 작가나 삽화가, 디자이너를 소개해 달라는 분들이 있다. 그런 분들이 작가, 삽화가, 디자이너의 섭외가 얼마나 어려운 일인지를 안다면 그런 부탁을 안 할 것이다. 그런 전화를 하는 분들은 그것을 아직 모르고 있는 것이 분명하다. 필자가 해줄 수 있는 부분은 연결을 시켜주고 어려운 부분은 어렵다고 솔직하게 이야기를 한다. 모두 다 이해는 하는 듯했다.

❷ 작가와의 동상이몽

앞에서도 언급했듯이 작가와의 출간기획서에 대한 미팅이나 원고 작성에 관한 미팅을 해도 간혹 전혀 다른 원고로 탈고가 되는 경우가 있다. 이러한 동상이몽을 없애려면 원고 작성 중간중간에 진행하고 있는 원고에 대한 피드백을 받으면 되는데 작가들은 그 부분을 부담스러워한다.

'아직 준비가 안 되었다.'

또는 '점검을 해서 드리겠다.'라는 말을 가장 많이 들은 것 같다.

이런 경우 필자는 백업 차원에서 받는 것이라고 설득을 했다. 꼭 받아서 점검하고 부족한 부분은 작가에게 피드백을 주자.

❸ 일단 도전해 보자.

출판사를 창업한 후 초기에 있었던 일이다. 필자에게 매일 오는 이메일이 있었는데 좋은 글귀를 보내주는 비영리단체였다. 좋은 내용을 많이 공유하는 그 단체는 당시 회원이 120만 명 정도라고 했다.

그 단체의 홈페이지에 올라가 있는 좋은 내용의 콘텐츠를 책으로 만들고 싶었다. 전화해서 담당자를 파악하고 공문서를 만들어 보냈다.

생각보다는 쉽게 담당자와의 미팅이 이루어졌고, 그 책을 진행하게 되었다. 필자의 지인에게 그 단체와 계약을 했다고 하니 자신도 하고 싶었는데 용기가 안 나서 접촉해 볼 생각을 안 했다고 했다. 필자는 생각했다.

'그런 곳을 내가 계약하다니'

책이 나오기 전까지는 행복했었다.

결과적으로 그 책은 실패했지만, 출판사의 실적으로 다른 영업에 활용은 했었다.

일단 도전해 보자.

❹ 우연한 만남

어느 날 지방에 계신 영어학원 선생님이 필자의 회사 홈페이지에 원고 투고를 했었다. 영어에 관련한 책은 전혀 출간 의사가 없었지만, 그분과 통화 후 생각을 바꾸었다. 서울에 오신 선생님을 서울역에서 만나 이런저런 이야기를 나누었다. 책 내용이 많아서 한 권으로 내기가 부담스러워 1권과 2권으로 나누어 만들기로 했다. 판매는 잘 되었다. 시간이 흐른 뒤 1권과 2권의 문법 부분만 뽑아서 문법책도 만들었다. 그분과 총 3종을 출간했다.

1년~2년 전부터 이야기만 주고받았던 영어책이 있었다. 최근 그 2종에 대한 세부 일정이 나와서 출판 계약을 했다. 1년~2년 후에는 새로운 영어 교재 2종이 나올 것 같다.

우연한 만남에서 시작된 인연은 지금도 진행 중이다.

❺ 도움을 주려고 했으나 도움을 받았다.

A 기관의 요청으로 C 작가를 상담하다가 필자가 책으로 출간해 준 경우가 있다. 그 후로 C 작가는 필자에게 여러 가지 도움을 주었다.

처음 도움을 주려고 만났는데 나중에는 여러 가지로 도움을 받은 현재까지는 유일한 경우이다. 함께 만든 책은 비록 판매가 잘 되지는 않았지만, 서로에게 도움을 주는 사이가 되었다. 항상 감사한 마음이다.

상표 출원 진행과
상표권 등록

새로운 출판물을 기획할 경우, 시리즈의 이름이나 책 제목을 독점으로 사용하고 싶다면 상표 출원을 해서 상표권을 확보해야 한다. 독점으로 사용하는 것도 중요하지만, 특정한 시리즈의 이름이나 책 제목이 다른 곳에서 상표 출원이 되어 있지는 않은지 먼저 알아봐야 한다.

23-1. 상표 출원의 중요성

출판사에서는 보통 무엇을 상표 출원할까?

시리즈의 이름이나 책 제목, 그리고 회사 상호를 가장 많이 상표 출원하는 것 같다.

일반적으로 보통명사는 상표 출원이 어렵다. 보통명사를 사용해야 한다면 디자인을 해서 서비스표로 등록하는 것이 좋다.

그리고 상표 출원을 할 때 자신이 직접 출원하는 것보다는 변리사에게 의뢰해서 진행하는 것이 상표 출원이 더 잘 되었다.

변리사 섭외는 어떻게 하는 것이 좋을까?

인터넷에서 검색하거나 지인들에게 소개를 부탁해 보자. 필자의 생각으로는 인터넷에서 검색해서 알아보는 것이 가장 좋을 것 같다.

상표 출원을 하지 않고 사용한 시리즈 명이나 책 제목이 다른 회사에서 출원되어 있다면 큰 곤경에 빠진다. 책 제목을 사용한 경우에는 해당 책을 모두 회수해야 하는 상황이 발생할 수도 있다. 상표권이 있는 회사와 이야기가 잘되어 그대로 사용할 경우는 상표권에 대한 사용료를 매년 줘야 한다.

23-2. 상표 출원 진행 방법

출판기획자에게 상표 출원은 알아두어야 하는 중요한 업무 중 하나이다. 꼭 상표 출원에 관해 관심을 가지고 진행 방법을 알아두자.

상표 출원의 진행 방법에 대해 알아보겠다.

사용하려는 상표가 출원되어 있는지 상표 검색 사이트에서 검색해 보자. 필자는 **특허 정보검색서비스인 '키프리스'에서 검색해 본다.**

▲ 특허 정보검색서비스인 키프리스(http://www.kipris.or.kr)

검색 결과를 보고 출원 여부를 결정한다. 참고로 **최근 6개월 전의 내용은 검색이 안 된다.** 즉, 검색 시점이 올해 11월 정도이면 올해 5월~10월 정도에 누군가가 출원 중인 자료는 검색이 안 된다. 현재 진행 중이기 때문이다.

특허 정보검색서비스인 '키프리스'에서 상표 출원이 되어 있는지 보려면 출원할 단어를 넣고 검색하면 된다. 상표 출원이 되어 있는 경우 다음과 같이 상표 검색 화면이 나타난다. 그리고 해당 상표명을 클릭

하면 상세한 화면이 나타난다.

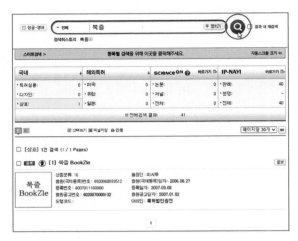

▲ 특허 정보검색서비스인 키프리스에서의 검색 화면

본인이 직접 출원한다면 특허청 사이트(https://www.kipo.go.kr)에서 상표 출원을 진행하면 된다. **출판사에서 주로 사용하는 상호나 시리즈 명, 책 제목 등은 상표 출원 시 제16류나 제35류, 제41류로 신청하면 된다.**

23-3. 상표 출원 비결 2가지

필자는 출판사에서 상표 출원 담당을 추가 업무로 했었다. 왜냐면 상표 출원 업무가 매일 발생하는 일이 아니므로 발생을 하면 그 업무를 보았다. 그리고 많은 상표를 이전 받기도 하고 신규 등록을 진행하기도 했었다(다른 출판사를 인수하면 그 출판사가 가진 상표권도 모두 이전을 받았었다). 직접 출원하기도 했고 변리사에 의뢰하기도 했었다. 그때 배운 것은 **비용을 절감해서 출원하는 방법과 디자인을 활용해서 출원하는 방법이다.**

❶ 비용을 절감하는 방법

상표 출원 시 한글과 영문을 동시에 출원해야 하는 경우 한글과 영문을 각각 출원하는 것보다 한글과 영문을 함께 출원하는 방법이다.

예를 들어 '북즐(BookZle)'의 경우를 보자. 한글 '북즐'과 영문 'BookZle'을 함께 출원한 경우이다.

다음과 같이 한글과 영문을 표기해서 출원을 진행하면 된다.

▲ 비용을 절감하는 방법(제16류로 등록)

❷ 디자인을 활용해서 등록하는 방법

보통명사나 일반적으로 많이 사용되는 단어가 들어간 상표를 출원하는 경우에는 해당 단어만 출원 등록을 하면 거절될 확률이 높다. 이때에는 해당 단어를 도형으로 형상화해서 출원하는 것을 권하고 싶다. 또는 해당 단어를 캘리그래피를 활용해서 디자인해도 된다.

다음은 출판사 상호를 도형을 활용한 디자인으로 출원한 경우이다.

▲ 디자인을 활용해서 등록하는 방법(제41류로 등록)

다음은 모임의 명칭(일종의 상호)을 캘리그래피를 활용해서 디자인한 후 출원한 경우이다.

출판기획의 한계를 넘어

(19) 대한민국특허청(KR)	(260) 공고번호	40-2009-0018527
(12) 상표공보	(442) 공고일자	2009년04월15일

(511) 분류   16(9판)
(210) 출원번호   40-2008-0038989
(220) 출원일자   2008년08월07일
(731) 출원인
    이시우
    서울특별시
(740) 대리인
    특허법인
담당심사관 :

(511) 지정상품/서비스업/업무

제 16 류

수첩, 메모지, 명함용지, 문방구, 볼펜, 샤프펜슬, 연필, 필기구, 그림엽서, 달력, 인쇄물(서적과 정기간행물은 제외), 카드(인쇄물), 카탈로그, 티켓, 팜플렛, 포스터, 회화, 사진, 서적, 소책자, 정기간행물, 주소록(인쇄물), 주소성명록, 출판물, 핸드북, 회보,

상표견본

▲ 디자인을 활용해서 등록하는 방법(제16류로 등록)

예를 들어 회사가 법인이면 법인 상호를 취득했다고 해도 상표권은 별개이다. 회사 상호, 상표 또는 서비스표, 나아가 도메인을 모두 취득해 두어야 한다. 3가지(회사 상호, 상표나 서비스표, 도메인)를 모두 취득할 수 없다면 새로운 상호를 알아보는 것이 지속 가능한 출판을 하기 위한 첫 단추가 아닐까? 생각한다.

가끔 상표나 서비스표에 대한 문의가 들어와서 상담할 때가 있다. 그때 느끼는 것은 질문하는 분들이 상표나 서비스표에 대해 중요하다는 것은 인지하지만, 지금 당장은 필요가 없거나 차후에 하겠다는 생각을 하는 것 같았다. 대부분 출판사 규모가 커지고 매출이 많아지면 필요하다고 생각하는 것 같았다.

그런 이야기를 들을 때마다 필자는 이런 이야기를 해준다.

"그때는 늦지 않을까요. 필요한 상표나 서비스표를 지금 준비하세요."

"추후 큰돈이 나갈 것을 지금 적은 돈으로 해결할 수 있어요."

차후 상표에 문제가 생겨 소송으로 가는 것보다 지금 준비하는 것이 시간과 비용을 모두 절감한다. 자세히 알아보고 미리 준비하자.

출판기획의 한계를 넘어

출판 관련 상표 및 서비스표

상표법 시행규칙에 의한 상품이나 서비스업의 류 구분을 숫자로 하며, 상품은 1류~34류, 서비스업은 35류~45류로 표시된다.

제16류
종이, 판지 및 종이나 판지 제품으로서 다른 류에 속하지 않는 것; 인쇄물; 제책용 재료; 사진; 문방구용품; 문방구 또는 가정용 접착제; 미술용 재료; 화필(畵筆) 및 도장용 붓; 타자기 및 사무용품{가구는 제외}; 교육용 재료{장치는 제외}; 포장용 플라스틱 재료{다른 류에 속하는 것은 제외}; 인쇄용 활자; 프린팅 블록

[출판 관련 세부항목] – 서적, 소책자, 정기간행물, 카탈로그, 팜플렛, 포스터, 학습지, 핸드북

제35류
광고업; 기업 관리업; 기업 경영업; 사무 처리업

[출판 관련 세부항목] – 서적 도매업, 서적 중개업, 서적/정기간행물 소매업, 서적 판매, 구매대행 서비스업, 서적 판매대행업, 인쇄물(서적과 정기간행물은 제외)

제41류

교육업; 훈련 제공업; 연예업; 스포츠 및 문화활동업

[출판 관련 세부항목] – 교육출판업, 서적출판업, 학습지출판업, 중국어학원 경영업, 일본어학원, 경영업, 영어학원 경영업

출판 분야별 시장 분석

 출판 분야별 도서의 시장 현황에 대한 분석을 간략하게 해보겠다.
이 내용은 필자의 주관적인 생각이므로 참고만 하면 좋겠다.

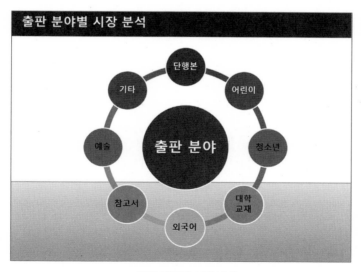

▲ 출판 분야별 시장 분석

24-1. 단행본 분야

그 해를 선도하는 출판 주제가 있다. 그것을 미리 안다면 얼마나 좋을까? 미리 준비해서 출간한다면 한발 앞선 마케팅도 가능하리라고 생각한다. 현실은 그렇지 못하기 때문에 과거에 주목받았던 출판 주제들을 언급해 보겠다. 과거 주목을 받았던 출판 주제로는 부동산, 행복, 마음치유, 청춘, 독서법, 자존감, 공부법, 주식 등이 있었다. 이러한 주제들은 돌고 도는 것 같다.

꼭 인기 있는 책을 출간한다고 그 출판사가 잘 되는 출판사라고 볼 수는 없다. 인기 있는 책은 없어도 꾸준히 신간이 나오고 적지만 꾸준히 책이 나가는 것이 더 중요하다. 그리고 점점 신간의 수명이 짧아지므로 재고 관리에 신경을 써야 한다.

단행본 분야의 경우 시대적인 이슈가 있는 신간의 경우에는 출간 시 이벤트를 꼭 진행하자. 시장이 넓어서 실패할 확률이 높지만 잘되면 크게 성공하는 분야이다. 전체 제작비용을 염두에 두고 손익분기점 이상 판매가 되도록 해야 한다. 처음 시작하는 출판사의 출판기획으로는 추천하고 싶지 않은 분야이다.

출판기획의 한계를 넘어

24-2. 어린이 도서 분야

어린이 도서 분야의 경우에는 기존의 큰 출판사들이 자리를 많이 잡고 있다. 기존 출판사와 다른 차별화된 전략으로 책을 만들어야 한다.

신인 작가의 발굴과 기성 작가의 작품으로 시리즈를 기획해 보자. 자금 여유가 있다면 외서도 기획해 보자.

도서의 정가가 상대적으로 낮으므로 제작비용에 특히 신경을 써야 한다.

어린이 권장도서가 되도록 최대한 홍보 활동을 펼쳐야 한다. 그러므로 신간이 나오면 적절한 곳에 홍보용 책자를 보내는 홍보전략이 필요하다.

지속적인 출간을 위해 호흡이 잘 맞는 디자이너를 섭외해서 계속 책을 만들어나가야 한다. 그리고 제작비용을 절감할 수 있는 양장 제책사를 잘 확보해야 한다. 어린이 책의 경우 양장 제책으로 책을 많이 만들므로 잘 만들고 단가가 좋은 곳을 확보할 필요가 있다.

24-3. 전문 분야

전문 분야의 책으로는 외국어 도서, 대학 교재, 참고서 등이 있다.

전문 분야의 경우에 출판기획만 잘한다면 꾸준히 책이 판매된다. 하지만, 꾸준하게 책이 판매되는 반면 크게 베스트셀러가 되지는 않는다.

가끔 외국어 도서 중 영어 분야에서 베스트셀러가 되기도 한다. 전문 분야의 책이라기보다는 단행본 형태의 영어 학습서로 보아야 할 것이다.

전문 분야의 책은 작가 섭외가 어려울 수도 있다. 특히 이름 없는 출판사의 명함으로 그 분야 유명 작가와 원고를 계약하는 것은 어렵다. 지인들에게 소개를 받고 최대한 인맥을 활용하여 섭외하다 보면 좋은 결과가 있을 것이다.

작가의 강연이나 오프라인 행사에 관심을 가지고 참여해 보자. 이 분야는 작가의 영향력이 크므로 작가의 인지도를 잘 분석해야 한다.

특히 대학 교재의 경우 작가의 영향력이 90% 이상 책 판매에 영향을 준다.

24-4. 예술 분야

필자의 경우 예술 분야의 책을 10여 종 정도 기획하고 작가를 섭외해서 출간했었다. 필자가 정한 예술 분야의 세부 분야는 캘리그래피, 붓펜, 드로잉, 캐리커처, 수채화, 사진 분야이다.

결론부터 말하면 책 판매는 별로였다. 캘리그래피 책들은 시중에 많은 캘리그래피 책이 나오기 전에 필자가 기획한 책이 나와서 판매가 잘 되었다. 그것도 큰 출판사가 본격적으로 캘리그래피 책을 출간하기 시작하는 시점에서는 판매가 이루어지지 않았다.

필자가 느낀 예술 분야의 경우 관련 분야의 초보자들이 작은 관심을 가진다는 것이다. 조금만이라도 자신감이 있는 분은 절대로 책을 구매하지 않는다는 것을 알았다. 그냥 시작하거나 동호회 등의 활동을 하면서 정보를 수집하고 유튜브를 통한 동영상의 시청으로 지식을 얻는 것 같다. 이제 필자는 예술 분야의 책을 더 이상 기획하지 않는다. 이 분야의 어려운 점을 알았으므로 출판기획을 멈춘 것이다.

작가와의 계약 방법

작가와의 계약 방법에 대해 알아보겠다. 작가와의 출간 계약서인 [출판권 설정 계약서] 작성법과 계약서에 포함할 수 있는 [추가 약정 사항]에 대해 알아보겠다.

25-1. 출판권 설정 계약서 작성법

출판 저작권 계약에 대한 일반적인 계약서 양식은 다음의 자료실에서 다운로드 가능하다고 했다.

[한국출판문화산업진흥원(http://www.kpipa.or.kr)의 자료실]

작가와의 인세(%)는 대상에 따라 너무나 다르다. 하지만, 대부분 5%~10% 내외로 책정하고 있다. 간혹, 10% 이상도 있다.

출판 계약에 있어서 A 출판사처럼 옵션 계약을 해서 초판에 7%를

출판기획의 한계를 넘어

지급하고 5,001부 이상은 8%, 10,001부 이상은 10%를 지급하는 곳이 있다.

B 출판사처럼 초판 및 재판의 발행 부수와는 관계없이 일괄적으로 7%, 8%, 9%, 10% 정도로 하는 곳도 있다.

작가 인세 지급에 있어서 A 출판사는 초판 및 재판 발행 시 제작한 부수만큼 다음 달 말일에 지급해 주는 곳도 있다.

B 출판사처럼 처음 계약금으로 30~100만 원을 지급한 후 초판 발행 시 초판에 대한 인세는 모두 지급을 하고 초판 2쇄를 발행한 후 초판 3쇄가 발행되면 초판 2쇄 때 제작한 발행 부수만큼의 인세를 지급하는 곳도 있다.

C 출판사처럼 일정 기간에 판매된 도서에 대해서만 인세를 지급하는 곳도 있다. 보통 6개월 또는 1년 단위로 정산한다. 즉, 계약한 일정 기간에 판매된 부수에 반품 도서와 폐기 도서, 증정 도서를 차감한 후 인세를 책정한다. 책 판매가 안 되는 분야의 경우 출판사가 유리한 계약 방법이다.

이상에서 언급한 방법 중 출판사의 사정에 맞는 방법으로 작가와 계약하면 된다. 필자가 아는 출판사의 경우 앞에서 설명한 방법에서 작가 또는 출판 분야에 따라 2가지 방식을 함께 사용하고 있었다. 괜찮은 방법 같아 보였다.

작가 인세 정산서

<table>
<tr><td rowspan="2">결
재</td><td>담당</td><td>팀장</td><td>대표</td></tr>
<tr><td></td><td></td><td></td></tr>
</table>

20XX-XX-XX

작 가 명		주민등록번호	
도 서 명		주　　　소	
지 급 일		계 좌 번 호	

1. 20XX년 XX월 XX일부터 20XX년 XX월 XX일까지 인세를 정산하오니 참조하시기 바랍니다.

2. 인세 정산 내역(1차분)

① 판매부수	650부	(6개월 정산)	증정	반품	폐기	정가	인세(%)	1부당 인세
② 지급부수	650부		40부	60부	부	15,000원	7%	1,050원
③ 인세	550부	1,050원	577,500원					
④ 인세현황	577,500원							
⑤ 계약금	300,000원							
⑥ 소득세 (3%)	17,325원							
⑦ 주민세 (0.3%)	1,732원							
⑧ 실지급액	258,443원		미지급액	0원				

*첨부파일 2개(기간별 출고, 기간별 반품 리스트)

(02813) 서울 성북구 아리랑로19길86 상가동 104호
Tel 070-7136-5700, Fax 02-6937-1860

▲ 작가 인세 정산서 샘플 화면

출판기획의 한계를 넘어

25-2. 추가 약정 사항

[출판권 설정 계약서] 작성 시 [추가 약정 사항]에 대해 알아보겠다.

일반적인 [출판권 설정 계약서]에 맨 마지막 페이지에 작가와 별도로 협의를 한 내용, 즉 작가의 특별 요청사항이나 출판사의 특별 요구 사항을 넣을 수 있다.

다음의 내용은 [추가 약정 사항]에 들어가는 내용이므로 참고만 하면 되겠다.

[추가 약정 사항]

1. 초판 인세는 책 출간일(판권일 기준)의 익월 말일까지 지급한다.
2. 초판 2쇄 이후의 인세는 차쇄(次刷) 발행일의 익월 말일까지 지급한다.
3. 초판 2쇄가 출간된 후 초판 3쇄 발행을 1년이 지나도 하지 않으면 초판 2쇄의 인세를 지급한다.
4. 발행 부수의 10% 내외에서만 추가 발행한다.
   [예: 2,200부 발행 시 2,000부의 인세를 지급하고 1,100부 발행 시 1,000부의 인세 지급]
5. 전자책(e-book)으로 판매 시 전자책 개발 비용은 을이 모두 부담한다.
6. 전자책의 인세는 전자책 정가에서 책의 인세와 같게 인세를 책정한다.
7. 전자책의 계약서는 갑이 요청할 경우 을은 계약서의 사본을 갑에게 준다.

신간 마케팅의 현실

신간 마케팅을 할 때 알아두면 도움이 되는 사항들에 대해 알아보 겠다. 출판기획자가 마케팅 업무를 하지는 않지만, 어떻게 진행이 되 는지 알면 책을 기획하는 데 도움이 될 것 같아서 설명한다.

26-1. 중소 출판사 신간 마케팅의 현실

중소 출판사의 경우 할 수 있는 신간 마케팅에는 한계가 많다. 대형 출판사처럼 자금이나 마케팅 네트워크, 홍보 인맥이 많지 않기 때문 이다.

이 중 가장 힘든 점이 자금의 부족이다. 부족한 자금을 광고비에 투 여하면서 광고할 수는 없다. 책을 많이 판매하기 위해서는 과감하게 광고에 돈을 써야 한다는 주장과 그렇지 않은 주장이 있다.

특히 1인 출판사는 자금력이 상대적으로 약하다. 책 한 권에 들어가는 제작비용도 최소로 줄여야 하지만, 광고비 또한 최소로 줄여야 한다.

보통 광고비는 매출의 3%~5% 정도 투자를 한다. 주로 광고비는 대형서점 매대 광고, 온라인 서점 이벤트나 배너 광고, 일간지 전면광고, 5단 광고 등에 사용한다.

중소 출판사나 1인 출판사에 가장 필요한 마케팅 방법은 돈을 안 쓰고 책을 홍보하는 비결을 찾는 것이 아닐까?

26-2. 신간 마케팅의 현실

광고하면 그 효과는 당연히 하지 않는 것보다는 낫다. 하지만 회사의 경영 상태를 고려하지 않고 매달 고정적으로 나가는 광고비는 문제가 된다. 그리고 광고를 한 후 책 판매에 끼치는 영향에 대해서는 별다른 검증이나 조사가 필요하다.

중형 출판사에서 마케팅한 지인이 이런 말을 했다.

"제가 소속되어 있는 출판사의 경우에는 광고비를 쓴 금액만큼 책이 팔리는 것 같아요."

한 달에 광고비를 500만 원 정도 쓴다면 과연 어느 정도의 매출이 더 올라야 할까? 이 부분에 대한 확신이 있다면 광고비에 투자하자.

신간의 경우 예상 판매치가 있을 것이다. 그 판매치를 달성하기 위해 적당한 광고비를 책정하고 진행한다. 신간의 판매 사이클이 짧아진 요즘 같은 시대에는 1주일 안에 집중적으로 해나가는 마케팅이 나을 수도 있다.

26-3. 현실적으로 대박은 힘들다

출판기획을 시작해 처음부터 대박을 내는 책을 기획하기란 현실적으로 힘들다. 그런 출판기획자가 없는 것은 아니지만 일반적으로는 거의 없다고 본다.

베스트셀러를 만들 수만 있다면 누구나 출판사를 창업해 부자가 되었을 것이다. 중요한 것은 투자비용에 대한 손실을 최소화하면서 끊임없이 책을 만드는 것이다. 그리고 적당한 수준의 판매량을 유지하도록 마케팅을 하는 것이다. 그러다 보면 언젠가는 좋은 작가를 만나게 되어 대박이 날 수 있는 확률을 높일 수 있다고 본다.

필자가 아는 대박 난 책의 출판기획자들이 한결같이 하는 말이 있다.

'전 이 책이 이렇게 잘 될 줄 몰랐습니다.'

이런 이야기를 3명에게서 들었다.

출판기획자이자 편집자인 1명이 기획한 책은 100만 부가 나간 책이고 2명은 각각 50만 부 이상이 나간 출판사의 출판기획자이자 대표

출판기획의 한계를 넘어

들이다.

26-4. 작가를 적극적으로 활용하라

중소 출판사나 1인 출판사의 출판기획자가 누구나 아는 유명 작가를 섭외한다는 것은 현실적으로 어렵다. 기존에 알고 있는 사이가 아니라면 모르겠지만, 새로 섭외를 한다는 차원에서 보았을 때 매우 힘들다.

중소 출판사나 1인 출판사의 경우 유명 작가를 섭외해서 대박을 터뜨리겠다는 꿈보다는 지금 나와 작업하고 있는 작가를 잘 성장시켜서 유명 작가로 만들어가는 꿈이 현실적으로 더 낫다고 생각한다. 출판사와 작가가 노력해서 함께 성장하는 것이다.

작가가 적극적으로 마케팅을 도와주는 경우 그 책의 판매지수는 높아질 수도 있다. 작가가 알고 있는 단체나 지인들에게 책 홍보 자료를 이메일로 보내고 직접 온라인에서 도서 홍보를 해주는 경우 많은 도움이 된다.

작가가 대중들 앞에서 이야기를 잘 할 수 있는 경우 작가와 함께 하는 행사를 기획해도 좋을 것이다. 그리고 작가가 활동하는 온라인 카페나 페이스북, 블로그나 트위터 등의 SNS를 활용하여 독자들과 소통의 장을 마련할 수도 있다.

작가는 유명하고 안 유명하고를 떠나 특정 분야에서 자기만의 경험과 기술로 전문가가 된 사람이다. 분명 작가만이 해줄 수 있는 이야기가 있을 것이다.

홍보 활동을 통해 작가는 책이라는 제약된 공간을 벗어나 독자들과 소통할 수 있는 시간을 만들 수 있다. 그러한 시간을 통해 작가는 성장하고 출판사는 자사의 브랜드가 알려지는 방향으로 마케팅 계획을 잡아보자.

26-5. 좋은 책을 만드는 것이 정답이다

최고의 신간 마케팅은 좋은 책을 만드는 것이다.

신간 마케팅도 중요하지만, 시대에 잘 편승한 적절한 책을 기획해서 만들어 낸다면 마케팅이 한결 쉬울 것이다. 좋은 책은 그 자체가 마케팅이다.

공을 많이 들여서 만든다고 잘 팔리는 것도 아니고 공을 안 들이고 만든다고 안 팔리는 것은 아닌 것 같다.

출판사에서 책을 만들 때 모든 책에 최선을 다한다. 책을 만들 때 비용과 투자 대비 예상 매출 분석을 해야 한다.

예를 들어 5,000부 정도 나갈 것으로 예상하는 책을 10,000부 정도

나갈 것으로 예상하고 책에 들어가는 시간과 비용을 투자하면 안 되는 것이다. 출판은 문화산업이기는 하지만 그 자체가 사업이기 때문이다. 실패하는 책이 많아지면 그다음 책을 만들 수 없는 상황에 놓이게 된다.

잘 팔리지 않는 책이 좋은 책이 아니라고 말할 수는 없다. 좋은 내용을 담고 있으면서 잘 팔릴 수 있는 책을 만들어야 한다. 그렇게 하기 위한 첫 단추가 기획한 도서의 현실화 단계라고 다시 한번 더 강조하고 싶다.

좌절과 희망

출판기획을 하면서 처음부터 성공하는 책을 만들 수는 없다. 실패를 통해 자신만의 비결이 쌓이고 경험이 축적된다. 시간이 지나면서 원고를 보는 눈도 향상되고 기획력도 좋아질 것이다.

27-1. 출판기획 초기의 실패는 약이 된다

기획한 책들이 노력한 만큼의 결과가 따르지 않아 실망하고 후회를 한다.

'난 왜 안 되는 것일까?'

여러 권의 책을 실패한 경험이 있는 출판기획자가 자주 느끼는 심정일 것이다.

출판기획 초기의 실패는 지나고 나서 뒤돌아보면 큰 비결이 된다.

출판기획의 한계를 넘어

하지만, 현실은 냉혹하다.

누구는 그것으로 인해서 회사를 그만두어야 할 것이다.

누구는 그것으로 인해서 더 단단해지고 뛰어난 실력을 소유할 것이다.

출판사는 출판기획자의 성과를 기다려주지 않는다. 그러므로 단기간 안에 성과를 내야 하는 중압감이 있다. 실패하는 책이 많아질수록 출판기획자에게는 약이 되겠지만, 출판사는 그렇지 않을 수도 있다.

예전에 이런 일이 있었다.

A 출판기획자가 고액의 연봉을 받고 출판사에 입사했었다. 그분은 인맥이 좋은지 유명한 작가들을 섭외해 책을 진행했다. 경제전문가, 대학교수, 정치인, 유명 예술가 등 많은 분이 그분이 기획한 시리즈에 참여했다. 그분이 근무하는 동안 그 시리즈는 별다른 인기를 얻지 못했다. 그분이 퇴사하고 그분이 했던 업무를 이어받은 분은 진행 중이던 책들을 모두 만들었다. 그 시리즈는 중간 정도의 성적이 나왔지만, 새로 일을 이어받은 분은 A 출판기획자처럼 새로운 작가들을 섭외하지 못했다. 그 이후로 그 시리즈는 명맥을 잊지 못하고 중단되었다.

가끔 생각한다.

'출판사가 그분에게 좀 더 시간을 주었다면 다른 상황이 발생하지 않았을까?'

27-2. 출판기획을 하면서 배운 비결

필자가 출판기획을 하면서 경험하고 배운 비결을 다음과 같이 정리해 보았다. 이것은 분명 주관적인 이야기이므로 한 개인의 주관적인 이야기로만 받아들이면 좋겠다.

❶ 책 한 권에 모든 것을 걸지 말고 90%만 걸자.

출판기획자는 매년 새로운 책들을 기획해야 한다. 한 권, 한 권마다 열정을 가지고 일하지만, 어느 한 권에 너무 몰두하면 슬럼프에 빠지게 되는 것 같다. 자신의 능력 100% 이상을 투입한 후 그 책이 실패한다면 긴 슬럼프에 빠질 수 있을 것이다. 책 한 권에 자신의 모든 열정을 투입하지 말고 90% 정도만 투입하자. **오늘만 일하고 내일은 일하지 않는 것이 아니므로 자신의 능력을 분산해서 사용하자. 그래야 오랫동안 재미있게 일할 수 있다.**

❷ 책 한 권 만드는 비용을 최소로 절약하자.

출판기획자는 매번 성공한다는 희망을 품고 책을 만든다. 필자처럼 여러 번의 실패를 해본 경험이 있다면 책 제작비용에 관해 후회를 많이 하게 된다.

'이렇게 실패할 줄 알았으면 제작비용이 많이 나가는 책을 기획하지 말았어야 했는데'

실패한 책을 보면서 늦은 후회를 한다.

요즘은 전자책으로 책을 출간해 보고 반응을 봐서 종이책의 출간 부수를 정하는 출판사도 생기고 있다. 도입이 필요한 현실이다.

책 한 권을 제작하는데 필요한 제작비용을 최소화하자.

참고로 기존에 나온 책의 판매가 좋다면 표지를 변경하고 본문 종이를 좋은 것으로 사용해서 개정판을 내는 것도 한 방법이다.

❸ 실패한 책에 연연하지 말고 그다음 책에 다시 희망을 걸자.

실패한 책을 바라다보면 이런저런 생각이 든다.

'누군가를 원망하고 싶다.'

하지만, 실패한 책에 너무 연연하지 말자. **실패하다 보면 언젠가는 성공하는 책을 만들 것이다. 항상 희망을 품고 자신의 업무에 매진하자.**

❹ 실패한 책의 모든 원인은 나에게 있다. 모두 내 탓이다.

사실 실패한 책의 가장 큰 원인은 그 원고를 선택하거나 그 책을 기획한 자신에게 있다. 작가와 그 책을 함께 만든 주변인에게 책임을 전가하지는 말자. 모두 내 탓이다.

비록 지금은 실패한 출판기획만 할지라도 이 경험과 비결이 축적된다면 당신도 언젠가는 많은 사람에게 사랑받는 책을 기획하고 만들 것이다. 분명 그날은 온다.

원고 제작과 작가 확보

신간 원고의 작성 및 탈고는 작가와 원고를 동시에 움직이는(다루는) 공정이므로 무엇보다 세심한 주의가 필요하다. 출간기획서(안)가 확정되면 출판기획자는 편집부와 협의를 거쳐 원고 제작에 필요한 공정에 착수하게 된다.

신간 원고의 기획은 크게 다음의 두 가지 유형으로 나뉜다.

첫 번째는 이미 작가가 작성한 원고를 바탕으로 진행하는 것이고 두 번째는 출판기획자의 아이디어를 바탕으로 작가를 섭외해 출간기획서(안)에 맞는 원고를 만들어 내는 것이다.

작가가 작성한 원고의 검토 능력은 출판기획자가 갖추어야 할 기본 덕목이라 할 수 있다. 원고가 출간기획서(안)와 부합하는지, 출간기획서(안)와 부합하려면 어떠한 점을 보완해야 하는지 등을 파악할 수 있어야 한다.

출판에 대한 최종 판단과 결정은 편집장이나 경영자의 몫이지만 최초 검토자인 출판기획 담당자가 원고에 대한 안목을 분명히 가지고 있어야만 편집장이나 경영자의 올바른 결정을 유도할 수 있다는 사실을 명심해야 한다. 그래야만 자신의 능력도 인정받을 수 있다.

매년 출판기획의 생산성, 안정성, 상업성, 편의성이 요구되고 있는 상황에서 많은 출판사가 이른바 '성공한 작가'를 우선으로 섭외하고 '성공한 외서'를 먼저 확보하려는데 주력하고 있는 현실이다. 하지만, 능력 있는 출판기획자라면 가능성 있는 작가, 잠재 능력이 있는 작가를 찾는 것에 최선의 노력을 기울여야 할 것이다.

필자의 경험으로 한마디를 하자면 가능성 있는 작가, 잠재 능력이 있는 작가를 찾는 일에 최선을 다해야 한다는 것이다. 아울러 만들면 안 되는 작가의 원고를 알아보고 만들지 않는 것도 중요하다. 간혹 만들 출간기획물이 없어서 무리하게 원고를 찾거나 무리하게 계약을 진행하다 보면 책이 나온 후 후회를 한다. 만들 출간기획물이 없지 않도록 많은 기획을 하고 작가를 섭외하자. 만약, 그렇게 되지 않으면 한걸음 쉰다는 생각으로 출간 종수를 줄이자.

작가와의
소통 및 진행 방법

책이 출간되는 과정도 중요하지만 출간되고 난 이후의 관리도 중요하다.

책을 제작할 때에는 원고의 내용, 제목, 표지 등 책과 관련된 사항들이 중요하지만 출간된 이후에는 발행 부수, 판매 부수, 인세 등과 같은 사항들이 중요한 문제로 대두된다.

일반적으로 작가와 계약이 이루어지기 전에 원고료(인세) 지급 조건과 지급 방식, 작가 증정본 부수 등과 같은 사항을 합의하는 과정을 거친다. 그런 다음 정식 계약이 이루어진다. 책이 출간된 이후 변동이 생기거나 계약을 이행하지 못하는 상황이 발생하면 적당히 넘기려고 하거나 해당 사실을 감추려고 하지 말고 작가에게 충분히 설명하고 양해를 구하는 것이 차후에 발생할 수 있는 모든 문제를 예방하는 길이다.

좋은 책을 기획하고 출간하는 것과 아울러 사후 관리를 철저히 하는 것 또한 중요하다. 그러기 위해서는 작가와 수시로 소통해야 한다.

작가와 카카오톡, 문자, 이메일로 소통하자!

소통에 있어서 거창한 표현은 자제하자. 있는 그대로 전달할 것은 전달하고 요청할 것은 요청하자.

보통 작가와 계약한 후 원고의 탈고가 이루어진 다음에는 다음과 같은 요청을 작가에게 하게 된다.

-작가 머리말과 약력 요청

-교정지 1교~3교 수정 및 보안 작업 요청

-추천사나 격려사 요청

29-1. 출판기획자와 작가 간의 신뢰 관계

출판기획자의 주 고객은 역시 '작가' 또는 '저자'로 불리는 사람들이다.

[출판권 설정 계약서] 작성 후 작가는 원고를 집필하고, 출판기획자는 진행을 파악하고 편집장과의 소통이 원활하도록 업무를 진행하게 된다. 그러나 신뢰가 없다면, [출판권 설정 계약서]를 작성한들 서로를 믿고 일하기는 어렵다.

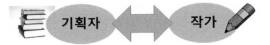

▲ 출판기획자와 작가 간의 신뢰 관계

　출판사마다 계약 방식은 모두 다르다. 그리고 계약 형태나 조건 등에는 출판사 입장에서 불가피한 것도, 개선해야 할 점도 있을 것이다. 출판기획자는 자신이 소속된 출판사의 계약 방식 자체는 물론 그런 조건이 정해지게 된 과정도 이해하고 작가를 설득할 수 있어야 한다.

　어떤 결정을 하든, 그 결과가 무엇이든, 출판기획자라면 최소한 앞으로의 상황과 손익 등을 빠르게 판단하고 냉정한 결정을 해야 한다. 그것이 출판기획자의 할 일이다. 책이 성공하느냐 실패를 하느냐는 그 다음 문제이다.

29-2. 출판기획자에게 정보는 생명이다

최신 정보를 빠르게 분석하고 출간 준비 중인 책과 연관이 있다면 작가에게 정보를 제공해야 한다. 그래서 출간을 준비하는 책에 반영해야 한다.

진행 중인 책과 비슷한 책이 있거나 새로운 정보가 있다면 작가에게 전달하자. 미래는 예측할 수 없으나 책에 최신의 정보가 담기도록 작가를 도와줘야 한다. 집필 작업에 몰두한 작가가 최신 정보를 놓칠 수 있기 때문이다.

출판기획자는 정보의 소중함을 알고 그 가치를 알아야 한다. 다양한 경험과 지속적인 공부만이 예측을 가능하게 만든다. 새로운 정보를 수집하는데 많은 시간과 열정을 투자하자.

29-3. 도서정보 및 작가 인세 현황의 공유

출판기획자와 작가의 소통에서 중요한 것이 제작한 도서의 정보 및 작가 인세 현황에 대한 공유이다. 필자는 작가에게 인세 정산을 하기 전에, 신간이 나온 뒤 1개월 안에 [도서정보 및 작가 인세 현황]을 정리해서 보낸다.

[도서정보 및 작가 인세 현황]에는 책명, 작가명, ISBN, 인세 %, 판형, 책 크기, 초판 인쇄일, 지급계좌, 발행 부수, 정가 등의 정보가 들어가 있다. 필자는 엑셀로 작성한 후 PDF로 변환해서 작가에게 이메일로 보낸다.

도서명									CD 유무	
저자				**ISBN**						
판형	46배판	**쪽수**	288쪽	**인세 %**						
책 크기	188mm*258mm	**지급계좌**								
초판 인쇄	20XX-XX-XX	**특이사항**								

판/쇄	발행 일자	발행 부수	정가	세금공제 후 금액	계약금	잔금	최종 지급액	비고
1판 01쇄	20XX-XX-XX	1,000	15,000		300,000			
1판 02쇄								
1판 03쇄								
1판 04쇄								
1판 05쇄								
1판 06쇄								
1판 07쇄								
1판 08쇄								
1판 09쇄								
1판 10쇄								

<제작사양>		
[본책]	표지	한국제지 아르떼 내추럴화이트 210g / 모래무늬 라미네이팅
	본문	한국 M매트지 100g / 본문 2도
	면지	인쇄 면지
	띠지	없음
[부록]	표지	없음
	본문	없음
[메모]	1. 6개월 단위 인세 보고 및 정산	

▲ 도서정보 및 작가 인세 현황 샘플 화면

오늘도 성실히 기획 중인 출판기획자들에게

① 문득 파노라마처럼 머리를 스쳐 지나가는 아이디어들을 놓치지 말자. 바로 메모지에 그 기억을 잡아두자. 그런 다음 시간이 날 때 그 기억들을 구체적으로 정리해 보자. 10개 중 1개는 좋은 기획 아이템이 될 것이다.

② 항상 머릿속에서 상기하자. 출판기획은 누구나 할 수 있으며 전혀 새로운 것은 아니다.

③ 자기 혼자만의 생각으로 만든 출간기획서보다는 주변의 의견이 수렴된 출간기획서를 만들자.

④ 출판기획자는 하나의 기획물 안에 여러 가지 다른 생각을 담으면 안 된다. 명확한 독자층을 잡자.

⑤ 출판기획자는 자신의 기획물에 관한 내용을 구체적으로 정리하고 객관화시킬 수 있어야 한다.

⑥ 출간기획서는 항상 독자의 시각으로 생각하고 고민해서 만들어야 한다.

⑦ 현실화 단계에서 구체성이 없거나 확신이 없는 출간기획서는 과감히 버리자.

홍보 및 마케팅

출판사에서 신간이 나왔을 때 하는 홍보 및 마케팅과 서점에 배포하는 신간 보도자료에 대해 알아보겠다.

30-1. 홍보 및 마케팅

홍보 및 마케팅은 책이 출간되고 난 후 본격적으로 신경을 써야 할 부분이다. 책이 출간되기 전에 미리 계획을 세워두면 더 좋다.

아무리 좋은 기획 아래 훌륭한 책을 만들었다고 하더라도 홍보 및 마케팅에 실패하면 그동안의 노력이 물거품 되기도 한다.

출판기획의 한계를 넘어

신간에 대한 독자의 구매 행동 단계를 보면 다음과 같다.

1단계: 인식(Awareness) 또는 주목(Attention)을 하는 단계

2단계: 관심(Interest)을 가지는 단계

3단계: 욕구(Desire)를 갖는 단계

4단계: 기억(Memory)을 하는 단계

5단계: 구매 행동(Purchase Action) 단계

출판기획자는 이를 충분히 생각해서 각 단계에 적합한 홍보 및 마케팅 전략을 수립해야 한다. 이와 아울러 홍보 및 마케팅 방법, 대상, 기간, 시간 등을 종합적으로 고려해야만 소기의 목적을 달성할 수 있다.

30-2. 신간 보도자료에 들어가야 하는 내용

신간이 물류에 입고되기 3~5일 전에 가장 먼저 하는 것이 거래하는 서점에 신간 보도자료를 배포하는 일이다. 평소 신간 보도자료를 보낼 서점 담당자의 이메일을 잘 정리해두기 바란다.

보통 신간 보도자료에는 책 제목, 부제목, 목차, 도서의 ISBN, 부가기호 정보, 핵심 내용(요약 내용), 작가 소개, 출판사 서평, 추천 글, 가격, 페이지, 판형 등의 정보가 들어간다.

다음은 일반적인 신간 보도자료의 샘플이다. 참고하기 바란다.

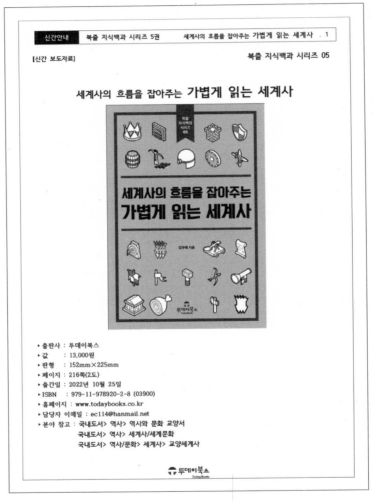

▲ 신간 보도자료 샘플 1

◆작가 소개

김우태 작가

32살부터 본격적으로 독서를 하기 시작하며 소설 『태백산맥』 10권을 필사하며 작가로서의 꿈을 꾸기 시작했습니다. 40살에 첫 책 『오늘도 조금씩』을 펴면서 본격적인 집필 활동에 들어갔습니다. 47세 최근 『내 삶에 힘이 되는 인생 명언 365』까지 총 44권을 집필하였습니다. 매일 독서를 통해 마음을 다지고, 지식을 섭렵하며, 지혜로운 사람이 되고자 꿈을 꾸고 있습니다.

◆출판사 서평

이 책은 세계사에 대해 전혀 모르는 사람들에게 세계사의 흐름을 잡아주고 흥미를 유발해 주는 책이다. 지루하지 않고 재미있게 술술 읽힌다. 이 책을 모두 읽는다면 세계사에 대한 첫걸음을 뗄 수 있으며 지인들에게 그 시대에 대해 약간의 언급을 할 수 있을 것이다.

세계사의 흐름을 잡아주는 가볍게 읽을 수 있는 이 책을 세계사에 문외한 분들에게 권하고 싶다. 책은 지식의 전달도 중요하지만, 일단 재미가 있어야 한다. 그래야 완독을 할 수 있다.

◆추천사

도구를 사용하면 원하는 바를 수월하게 해낼 수 있다. 세계사는 광활한 대륙과도 같다. 그걸 조망하는 일은 쉽지 않다. 세계사 문외한들에게는 더욱 그렇다. 이 책은 광활한 세계사를 조망하는 망원경 역할을 한다. 또한, 이 책을 펼치는 일은 널찍한 창을 열어 세계사라는 들판을 마주하는 일이기도 하다. 처음 세계사의 문을 두드리는 독자들에게 추천한다.

- 고흥렬(작가, 초등학교 교사)

◆목차

1부 우리가 사는 세상의 역사

1. 인류의 기원: 인류는 언제부터 시작되었을까?
2. 문명의 발생: 4대 문명의 시작
3. 서양 문명의 시작: 그리스부터 시작되는 서양의 문명
4. 로마 제국: 그리스 이후를 주름잡는 로마 제국
5. 중세 유럽: 서로마 제국이 망하고 시작된 중세 시대
6. 아랍 세계: 마호메트가 이룬 아랍 세계
7. 동아시아: 중국, 일본, 대한민국의 역사
8. 중세 유럽의 몰락: 흑사병으로 인한 중세의 마무리
9. 근세 유럽: 르네상스로 시작된 근세
10. 근현대: 영국의 산업혁명으로 시작된 근현대

투데이북스
Today/Books

▲ 신간 보도자료 샘플 2

외서 출판 프로젝트

외서 기획이란 무엇이며 외서 출판을 하기 위한 출판 에이전시 담당자와의 소통 방법과 업무 진행 방법에 대해 알아보겠다.

31-1. 외서 기획이란 무엇이며 어떻게 하는가?

외서 기획이란, 외국 서적의 기획을 말한다. 주로 미국, 일본, 중국, 프랑스, 독일, 영국 등의 국가와 이루어진다. 보통 출판사에서는 내년도 출간 계획을 수립할 때 국내 작가의 원고와 외서를 출간 목록에 잡는다. 외서를 잡는 이유는 많지만, 그중 하나가 국내 작가의 원고가 늦어질 때 외서는 좀 더 빠른 진행이 가능하기 때문이다.

출판 에이전시 담당자에게 미팅이나 이메일을 통해서 외국 서적을 파악하자. 기획 아이템과 분야가 맞거나 도전하고 싶은 책이 있다면

출판기획의 한계를 넘어

해당 에이전시에 연락해서 원서 및 소개 글을 입수해서 검토한다. 검토 후 출간할 도서가 정해지면 선인세 금액을 알아보고 해당 에이전시와 계약한다. 원서를 확보한 후 번역가를 구하거나 에이전시와 연결된 번역가를 소개받아서 번역을 의뢰한다.

다음과 같은 순서로 진행하면 된다.

① 미팅이나 이메일을 통해서 외국 서적 파악하기
② 출판사의 분야와 맞거나 도전하고 싶은 책이 있다면 해당 에이전시에 연락하기
③ 원서 및 소개 글을 입수해서 검토하기
④ 출간할 도서가 정해지면 선인세 금액을 알아보고 해당 에이전시와 계약하기
⑤ 원서를 확보한 후 번역가를 구하거나 에이전시에 의뢰하기

31-2. 출판 에이전시와의 소통

외서는 에이전시를 통해서 가능하다. 외국 출판사와 직접 계약을 할 수도 있지만, 대부분 에이전시를 통해 외서 계약이 이루어지고 있다. 에이전시로는 KCC, 북코스모스, 신원, 에릭양, 엔터스코리아, 임프리마 코리아 등이 있다. 참고로 인터넷 포탈서비스에서 '출판 에이전

시'로 검색을 하면 보다 더 많은 에이전시 정보를 얻을 수 있다.

출판 에이전시와 거래를 하기 위해서는 일단 해당 에이전시 담당자를 만나야 한다. 담당자를 만나서 어느 국가, 어느 분야의 책을 주로 기획하고 있음을 알리고 회사의 조직도나 담당자의 정보를 어느 정도 파악해 둔다.

출판 에이전시의 존재 이유는 외국에서 가져온 또는 의뢰가 들어본 책을 국내 출판사에 판권 계약을 해야 한다. 그래야 에이전시도 매출이 잡히기 때문이다. 당연히 매출이 있어야 회사가 운영되기 때문이다.

가끔 전화나 문자 등으로 담당자와 소통을 하고 의뢰한 도서들이 있는지도 확인해 보자.

출판 에이전시 중에 1년 단위로 계약을 한 후 일정 비용을 받고 이메일로 외서에 대한 정보를 보내주는 곳이 있다. 반면에 무료로 보내주는 에이전시도 있으니 잘 판단해서 진행하면 좋겠다.

출판 에이전시의 규모도 중요하지만, 신의가 있고 자신의 출판 분야에 대한 외서에 관한 관심도가 높은 에이전시와 거래를 하는 것이 좋다고 생각한다.

31-3. 출판 에이전시가 제공하는 정보에서 옥석 가리기

지금부터는 좀 더 자세한 이야기를 하겠다.

출판 에이전시가 제공해 주는 정보는 무조건 입수해야 한다. 지금 당장은 필요가 없을지 몰라도 앞일은 모른다. 받은 정보를 가지고 옥석을 가려야 한다. 그것은 출판기획자의 내공이 필요한 작업이다. 개인마다 취향과 출판사의 출간 방향이 있기에 단정 지을 수는 없다.

마음에 드는 외서가 생기면 제시한 금액(선인세)을 모두 지급하기 전에 흥정도 해보자. 자신이 생각하는 금액보다 너무 높은 경우에는 당연히 흥정이 필요하다. 흥정에 들어가면 출판 에이전시 담당자는 다른 출판사에서도 지금 관심을 가지고 접촉 중이라고 할 것이다. 제시한 금액을 감수해도 되고 자신이 생각한 금액까지 흥정해도 된다. 여러 경우가 있기에 이 또한 단정 지을 수는 없다. 흥정하다가 그 판권을 놓치면 나와 인연이 없다고 깨끗하게 받아들이면 된다. 하지만, 꼭 필요한 외서라면 비용과 상관없이 잡아야 한다.

외서의 경우 국내 도서보다는 선인세, 번역비가 추가된다. 외서의 선인세에는 계약금과 인세가 포함된 개념이다. 즉 국내 도서의 경우에는 계약금 30~100만 원 정도라고 한다면 외서는 선인세가 250~1,000만 원 정도로 보면 된다. 그리고 외서의 경우 번역비가 발생한다. 번역비의 경우 페이지 당 최소 3,000원 이상으로 봐야 한다.

확실히 국내 도서의 진행보다는 외서의 진행 시 비용이 더 많이 나간다.

* 외서: 선인세(계약금 포함), 번역비, 제작비
* 국내서: 계약금, 제작비

외서 계약 시 본문 그림이나 사진 등과 관련한 사용권과 저작권이 확보되어 있는지도 확인해 보기 바란다. 돌다리도 두들겨 보는 마음으로 진행하자.

간혹, 마음에 드는 외서가 있을 때 그 외서가 국내 판권이 남아 있는지 또는 국내 판권을 가진 에이전시가 있는지를 알고 싶을 때가 있다. 거래하는 에이전시에 문의해 보면 된다. 거래하는 에이전시가 없다면 이상에서 언급한 에이전시에 일일이 문의를 해서 그 외서의 판권을 확보할 수 있는지 문의하자. 국내 판권이 아직 남아 있다면 에이전시에서 확보할 수 있도록 노력해 준다.

31-4. 책에 맞는 번역가 섭외하기

외서를 진행하기로 했다면 책 번역을 위한 번역가의 섭외가 꼭 필요

출판기획의 한계를 넘어

하다. 번역가의 수준에 따라 번역 작업에 대한 비용이 달라진다. 보통의 경우 중간 정도의 실력을 갖춘 번역가를 섭외하기 마련이다. 필요에 따라 최고 수준의 번역가가 필요한 작업도 있을 것이다.

여기서 말하고자 하는 핵심은 책에 맞는 적합한 번역가를 구하는 방법이다. 그러기 위해서는 진행하는 책의 분야와 수준을 먼저 파악해야 한다. 예를 들어 인문 분야이고 청소년이 볼 책이라면 번역해서 나오는 번역물도 청소년들이 이해할 수 있는 내용으로 번역이 되어야 한다. 즉, 번역물이 성인이 읽을 것인지, 청소년이 읽을 것인지에 따라 **미묘한 번역의 차이를 놓치지 않는 번역가가 필요한 것이다.**

그런 번역가를 구하기 위해서는 원고의 일부를 넘겨주고 번역을 의뢰해 보면 된다. 작업한 번역물이 해당 책과 어울린다면 진행하면 되고 그렇지 않다면 수정을 요청해 볼 수 있다. 수정된 번역물도 마음에 들지 않는다면 작업한 비용을 주고 양해를 구해야 한다.

좋은 편집 디자이너를 구하는 일과 마찬가지로 출판사의 해당 책과 맞는 번역가를 구하는 작업은 쉬운 일이 아니다. 이러한 난관을 모두 극복해야 좋은 책이 나올 수 있다. 외서 번역을 성공하기 위해서는 책에 맞는 번역가의 섭외가 가장 중요하다고 생각한다.

출판 에이전트와 출판 에이전시

출판 에이전트

작가와 출판사의 중간에서 출판기획, 출판사 섭외 및 계약, 원고 진행, 인세 관리 등 출판의 모든 과정을 관리해 주는 직업을 말한다. 작가는 자신의 원고를 출판해 줄 출판사를 찾아다닐 필요가 없고 출판사는 출판 에이전트를 통해 믿을 수 있는 작가를 소개받는 장점이 있다.

출판 에이전시

작가들의 출판 기획물을 출판사와 연결해 주는 회사를 말한다.

외국 출판사의 도서를 국내 출판사에 소개해 주고 관리해 주는 것이 주된 업무인 출판 에이전시로는 KCC, 북코스모스, 신원, 에릭양, 엔터스코리아, 임프리마 코리아 등의 회사가 있다고 했다.

출판 에이전시들은 국내의 좋은 출판물을 외국 출판사에 소개하기도 한다. 연결이 잘되면 국내 출판사의 출판물을 외국 출판사에 판권 수출도 진행해 준다. 필자의 경우 1종을 출판 에이전시를 통해 외국에 판권을 수출한 경험이 있다.

출판 베스트 키워드

출판 베스트 키워드에 대해 알아보겠다. 필자가 생각하는 출판 베스트 키워드는 '청춘', '사랑', '공부법', '인문학', '부동산', '행복', '마음', '수학', '주식', '재테크', '독서법', '부자' 등이다.

다음은 출판 베스트 키워드가 책 제목으로 들어간 것 중 판매가 잘 되는 책들이다. 참고만 하면 좋겠다.

청춘

『청춘 블라썸』, 『청춘의 문장들』, 『역시 내 청춘 러브코메디는 잘못됐다』, 『청춘의 독서』, 『아프니까 청춘이다』, 『청춘 영어』, 『오월의 청춘』 등

사랑

『네 짝사랑의 실패를 위하여』, 『오늘 밤, 세계에서 이 사랑이 사라진

다 해도』,『외사랑』,『사랑은 그렇게 하는 것이 아니다』,『사랑의 기술』,
『모든 사람에게 사랑받을 필요는 없다』,『사랑의 쓸모』 등

공부법

『7번 읽기 공부법』,『잠수네 아이들의 소문난 수학 공부법』,『잠수
네 프리스쿨 영어공부법』,『초등수학 심화 공부법』,『완벽한 공부법』,
『강성태 66일 공부법』,『10대를 위한 완벽한 진로 공부법』,『8-4-2-1
공부법』,『서울대 삼 형제의 스노볼 공부법』,『1페이지 공부법』,『1등
급 공부법』 등

인문학

『생각하는 인문학』,『하루 한 장 365 인문학 달력』,『부의 인문학』,
『1일 1페이지 인문학 여행 한국편』,『부모 인문학 수업』,『아이를 위한
하루 한 줄 인문학』,『하루 15분 리더를 위한 인문학 수업』,『어린이를
위한 30일 인문학 글쓰기의 기적』,『AI는 인문학을 먹고 산다』 등

부동산

『부동산 트렌드 2023』,『대한민국 부동산 부의 역사』,『부동산 하락
장에서 살아남기』,『나는 불황에도 여전히 부동산 투자를 한다』,『무
조건 수익 내는 실전 부동산 경매』,『송사무장의 부동산 경매의 기

출판기획의 한계를 넘어

술』, 『흙수저 루저, 부동산 경매로 금수저 되다』, 『싱글맘 부동산 경매로 홀로서기』, 『부동산 경매로 1년 만에 꼬마빌딩주 되다』 등

행복

『나는 당신이 행복했으면 좋겠습니다』, 『아주 오랜만에 행복하다는 느낌』, 『행복한 이기주의자』, 『그리고 행복하다는 소식을 들었습니다』, 『완전한 행복』, 『법륜 스님의 행복』, 『내가 행복한 이유』, 『스스로 행복하라』, 『행복의 기원』, 『우리도 행복할 수 있을까』 등

마음

『마음의 법칙』, 『오은영 박사가 전하는 금쪽이들의 진짜 마음속』, 『아홉 살 마음 사전』, 『마음이 흐르는 대로』, 『마음이 흔들려서, 마흔인 걸 알았다』, 『마음챙김의 시』, 『마음세탁소』, 『끝까지 남겨두는 그 마음』, 『42가지 마음의 색깔』 등

수학

『어서 오세요, 이야기 수학 클럽에』, 『수학은 어떻게 문명을 만들었는가』, 『중학수학 총정리 한권으로 끝내기』, 『수학 잘하는 아이는 이렇게 공부합니다』, 『일등급 고등 수학』, 『초등수학 심화 공부법』, 『수학의 쓸모』, 『법칙, 원리, 공식을 쉽게 정리한 수학 사전』 등

주식

『주식투자의 지혜』, 『미국 주식이 답이다 2023』, 『브라질에 비가 내리면 스타벅스 주식을 사라』, 『주식투자 무작정 따라하기』, 『평생 부자로 사는 주식투자』, 『주식투자 절대 원칙』, 『생각을 바꿔야 주식이 보인다』, 『나는 주식투자로 250만불을 벌었다』, 『최고의 주식 최적의 타이밍』, 『주식시장 흐름 읽는 법』 등

재테크

『아기곰의 재테크 불변의 법칙』, 『월급쟁이 재테크 상식사전』, 『김경필의 오늘은 짠테크 내일은 플렉스(제대로 혼쭐나며 배우는 재테크 기본기)』, 『내 집 없이 월세 받는 쉐어하우스, 에어비앤비, 파티룸 재테크』, 『맘마미아 월급 재테크 실천법』, 『꼬마빌딩주의 재테크 습관』 등

독서법

『공부머리 독서법』, 『100권을 이기는 초등 1문장 입체 독서법』, 『1시간에 1권 퀀텀 독서법』, 『단 한 권을 읽어도 제대로 남는 메모 독서법』, 『우리 아이 문해력 독서법』, 『부자의 독서법』, 『부자들의 초격차 독서법』 등

출판기획의 한계를 넘어

부자

『부자 아빠 가난한 아빠』,『부자의 그릇』,『생각하라 그리고 부자가 되어라』,『월급쟁이 부자로 은퇴하라』,『벤저민 그레이엄의 13가지 부자 수업』,『부자의 언어』,『평생 부자로 사는 주식투자』,『열두 살에 부자가 된 키라』 등

출판 저작권법

　출판기획 업무를 볼 때면 출판 저작권법에 대한 지식이 필요할 때가 간혹 있다. 여기서는 출판기획자가 알아두면 좋을 것 같은 출판 저작권법에 대해 간략하게만 알아보겠다.

33-1. 고인의 작품이나 사진에도 저작재산권이 있는가?

　저작재산권의 보호 기간은 일반적으로 저작자의 생존 동안과 사망 후 70년간이며, 저작자가 사망한 후에 공표된 저작물도 생전에 공표된 저작물과 같이 사후 70년간 보호를 받는다.

　그러나, 무명이나 널리 알려지지 않은 이명으로 표시된 저작물의 경우에는 공표 시기를 기준으로 하여 공표 후 70년간이 되지만, 이 기간 내에 저작자가 사망한 지 70년이 경과했다고 인정할 만한 정당한 사유가 있을 때는 저작자가 사망한 지 70년이 경과했다고 인정되는 때에 저작권이 소멸한다.

만약, 고인의 창작물을 사용하고자 한다면 가장 먼저 고인의 사망 시기를 확인한 후(저작권 소멸 시기 전이라면) 저작재산권을 양도받은 유족과 연락을 취하여 저작권료를 협의하면 된다.

그 외의 저작재산권 보호 기간은 다음과 같다.

내용	기간
무명 또는 이명의 저작물	공표된 때로부터 70년
법인 등이 저작자인 업무상 저작물	공표된 때로부터 70년
영상 저작물	공표된 때로부터 70년
공동 저작물	맨 마지막 사망한 저작자의 사망 후 70년
보호 기간의 *기산(起算)	보호 기간은 저작자가 사망하거나 저작물을 공표한 해의 다음 해 1월 1일부터 계산

*기산(起算): 일정한 시간이나 장소를 기준으로 해서 계산이나 셈을 시작하는 것을 말한다.

33-2. 저작자가 저작권 협회 회원이라면?

저작물을 사용하고자 저작자에게 문의하니 저작권 협회 회원이라고 한다. 이런 경우에는 어떻게 해결해야 할까?

우리나라에는 '한국음악저작권협회(http://www.komca.or.kr)', '한국문학예술저작권협회(https://www.kolaa.kr)', '한국소프트웨어저작권협회(http://www.spc.or.kr)' 등이 있는데, 만약 저작권자가 이들 협회에 등록된 회원이라면 개별적으로 협상을 진행하지 않고 소속 협회에 문의하면 된다.

수록하고자 하는 창작물의 저작권자가 밝혀지면 협회에 문의해서 협회 소속 여부를 확인한 후에 진행하는 것이 좋다. 확인 결과 이들 협회에 등록되어 있지 않은 사람이라면 개별적으로 연락을 취해서 저작권 문제를 해결해야 한다. 개별 협의 시 계약서는 일반적으로 출판사에서 만들고 상호 합의를 한 후에 체결하면 된다.

33-3. 외국 박물관이나 미술관 사이트에 있는 이미지의 사용

저작권자 및 보호 기간을 확인하고 보호되는 저작물이라면 이용 허락을 얻어 이용해야 한다.

외국인의 저작물 중 우리나라가 가입한 국제 협약 등에 따라 우리나라가 보호해야 할, 보호할 의무가 있는 외국인의 저작물은 국내에서도 보호된다.

우리 저작권법으로 보호되는 외국인의 저작물을 다음과 같이 규정하고 있다(저작권법 제3조 참조).

첫째, 대한민국이 가입 또는 체결한 조약에 따라 보호되는 외국인의 저작물.

둘째, 대한민국 내에 상시 거주하는 외국인(무국적자 및 대한민국 내에 주된 사무소가 있는 외국법인을 포함한다)의 저작물.

셋째, 맨 처음으로 대한민국 내에서 공표된 외국인의 저작물(외국에서 공표된 날로부터 30일 이내에 대한민국 내에서 공표된 저작물을 포함한다).

우리나라에서 보호되는 외국인의 저작물은 대체로 우리 국민의 저작물과 동일하게 보호된다. 따라서 외국 박물관이나 미술관 사이트에 있는 이미지(그림)를 이용하고자 하는 경우 저작권자 및 보호 기간을 확인하고 보호되는 저작물이라면 이용 허락을 얻어 이용해야 한다.

참고로 조선시대 유물이나 그림에도 저작권이 있을까?

저작재산권의 보호 기간이 만료된 저작물로 자유롭게 이용할 수 있다. 저작재산권의 보호 기간은 일정 기간만 보호되고 개인이 창작한 저작물인 경우라도 그 저작권은 저작자의 생존 동안과 사망 후 70년간이다. 조선시대 유물이나 그림은 이러한 저작재산권의 보호 기간이 만료된 저작물이다. 따라서 자유롭게 이용하면 된다.

시카고 미술관의 명화 사용에 대해

명화를 책에 넣어서 사용하고 싶다면 각 화가가 속한 나라의 저작권 관련 업체에 비용을 지급하고 그림 전송권을 확보해야 명화를 사용할 수 있다.

시카고 미술관(http://www.artic.edu)의 경우 소장한 모든 명화를 무료 다운로드할 수 있도록 제공하는 것은 아니다. 해당 명화의 저작권 보호 기간이 끝났거나 저작권에 제한을 받지 않는 작품에 관해서만 제공하고 있다. 무료 다운로드를 제공하는 명화의 경우 좌측 하단에 CC0(저작권 보호 기간 만료 저작물)가 표시된 작품들이다. CC0 표시 여부를 꼭 확인하고 다운로드하기 바란다. CC0 표시가 없는 명화는 저작권 보호 기간이 아직 만료가 안 된 것이니 유의하자. CC0는 법률에 의해 허용되는 최대한도로 저작권과 저작인접권을 포기한다는 권리자의 의사표시이다.

저작권에는 'All rights reserved', 'Some rights reserved', 'No rights reserved' 이렇게 3가지로 구분할 수 있다.
첫 번째(All rights reserved)는 저작권이 있다는 표시(판권 소유)이고 두 번째(Some rights reserved) CCL(Creative Commons License_자유 이용허락 표시)는 조건부로 사용 가능하다는 의

미이고 세 번째(No rights reserved) CC0(Creative Commons Zero)는 저작권이 없으니 마음대로 사용해도 된다는 표시이다. 참고로 CCL 저작물의 이용허락 조건(범위)은 4가지 기본 원칙을 기반으로 6가지 이용허락 조건으로 이루어져 있다.

자비출판

자비출판이란 무엇이며 자비출판의 인세 정산 방법과 자비출판에 기획력을 더하는 생각에 대해 알아보겠다.

34-1. 자비출판이란?

작가가 스스로 제작비용을 출판사에 지급하고 책을 출판하는 것을 말한다.

가끔 출판사로 자비출판 제작비용에 대한 문의가 들어온다.

'자비출판도 출판이다!'

초기 제작비용을 작가가 부담하는 경우이지 일반 출판물과 같은 공정을 거친다.

자비출판의 경우 보통 초기 제작비용은 작가가 부담하고 초판 2쇄부터는 별도의 인세 금액으로 계약을 한다.

34-2. 인세 정산 방법

자비출판의 작가 인세는 출판사와 작가와의 합의를 거쳐서 이루어지므로 다양한 방법이 있다. 여기서는 일반적인 방법 2가지 방법에 관해 설명하겠다.

❶ 방법 1

작가는 책이 출간된 후에 초판 1쇄에 대한 제작비용으로 사용된 금액만큼 자신의 책으로 받는다. 남은 도서는 출판사에서 판매 후 별도로 정산을 받는다.

초판 2쇄부터는 출판사와 작가가 정한 별도의 인세 금액으로 산정한다.

예를 들어 책 제작비용이 1,000만 원(작가가 부담)이고 책의 정가가 20,000원이며 총 2,000부를 제작했다고 하자. 보통 작가에게는 정가의 60%로 공급하므로 20,000원×60%=12,000원이다. 그러므로 작가가 1,000만 원을 부담했기에 1,000만 원에서 12,000원을 나눈 833부를 넘겨준다. 나머지 도서 1,167부는 작가와 정한 인세 금액으로 책 판매에 따라 지급한다. 출판사와 작가가 정한 인세가 10%라고 한다면 책 1부가 판매된 경우 20,000원×10%=2,000원을 작가에게 지급한다. 이때 출판사는 정한 계약기간 동안 책의 보관비, 물류비 등은 부담한다.

❷ 방법 2

두 번째 방법은 작가가 출판기념회 등을 진행하는 경우에 많이 사용되는 방법이다. 책의 제작비용 일부를 작가가 지원하고 초판 1쇄 제작 부수의 50%를 작가가 인수한다. 나머지 50%는 출판사가 판매해서 보관비, 물류비 등으로 사용한다.

초판 2쇄부터는 출판사와 작가가 정한 별도의 인세 금액으로 산정한다.

예를 들어 책 제작비용이 1,000만 원(작가가 부담)이고 책의 정가가 20,000원이며 총 2,000부를 제작했다고 하자. 작가에게 책을 1,000부 보내주고 나머지 도서 1,000부는 출판사가 판매해서 출판사와 작가가 정한 계약기간 동안 책의 보관비, 물류비 등은 출판사가 부담한다.

출판기획의 한계를 넘어

34-3. 기획력 삽입하기

자비출판에 기획력을 삽입하자.

이왕 만들 책이라면 그 분야를 철저히 분석해서 잘 팔리도록 만들어보자. 변수는 작가가 그것을 수용하지 않으면 할 수 없다는 것이다. 가끔 자신의 원고에 대한 수정을 강하게 거부하는 작가를 만나면 어쩔 수 없이 수정을 포기하고 자비출판을 진행할 수밖에 없다.

자비출판의 긍정적인 면은 신생 출판사의 종수 확보에 도움이 된다. 그러기 위해서는 자비출판이 아닌 정식 출판으로 포장을 해야 한다. 자비출판으로 책을 내더라도 반응이 있는(판매가 잘 되는) 작가라면 차기 작품을 기획(자비출판이 아닌 기획출판) 할 수도 있다.

자비출판 또한 작가의 인맥을 활용한 신간 이벤트는 필수이다. 가능하다면 신간 출간과 동시에 실현 가능한 이벤트를 진행해 보자. 가장 많이 하는 이벤트가 서평 이벤트일 것이다.

다음은 [서평단 모집]의 예제이니 참고하면 좋겠다(178p).

[서평단 모집]

투데이북스에서 이번에 출간한 신간 『OOO의 OOOOO』의 서평단을 모집합니다.

다음의 링크 파일로 들어가셔서 신간에 대한 기대 서평을 댓글로 남겨주세요. 댓글을 남길 시 이메일 주소도 함께 남겨주세요. 서평단 선정 결과는 이메일로 발송됩니다.

1. 모집 인원: 총 OO명
2. 모집 기간: 20XX년 XX월 XX일~XX월 XX일
3. 모집 마감일: 20XX년 XX월 XX일
4. 발표일: 20XX년 XX월 XX일
5. 도서 발송일: 20XX년 XX월 XX일

*링크 파일 주소: _____
이곳에 신간에 대한 기대 서평을 댓글로 남겨주세요.

　책 판매에 관한 보고는 상호 신뢰를 쌓는 가장 기본적인 업무이므로 출간 후 계약한 날짜에 작가에게 보고해 준다. 상호 신뢰를 기반으로 좋은 관계를 유지하자.

작가와 함께 가는 길

출판사는 여러 사람과 함께 일한다. 직접 고용한 직원도 있고 외주 작업자도 있고 협력업체도 있다. 어느 누가 안 중요하겠는가? 이 중에 가장 중요한 사람이 있다면 작가일 것이다. 작가가 만들어 낸 원고로 모든 업무가 시작된다. 출판사는 작가와 함께 가야 하는 운명인 것이다.

35-1. 계약하면 끝이 아니다

작가와 [출판권 설정 계약서]를 작성하면 끝이 아니다. 작가와 계약하고 나서 그때부터 모든 업무가 시작된다.

출판기획자는 작가와의 모든 소통을 출판편집자에게 넘기는 경우가 있고 자신이 직접 진행하는 때도 있다. 출판사마다 상황이 다르므로 다른 상황에 따라 진행하면 된다.

작가가 집필 중인 원고를 탈고하기 전에 한 번 정도는 받아서 검토해 볼 필요가 있다고 했다. 중간 점검 차원에서이다. 출간기획안과 전혀 다른 방향이 아닌지 확인해야 한다. 그리고 계약한 날짜에 정확하게 탈고하는 작가는 이때까지 한 번도 없었다. 그러므로 원고가 계약한 날짜에 탈고하도록 확인해야 한다.

작가가 원고를 집필하는 중에 일어날 수 있는 상황들을 정리해 보았다.
-컴퓨터가 고장이 나서 원고가 모두 사라졌다는 경우
-컴퓨터가 고장이 나서 원고의 일부가 사라졌다는 경우
-부모님이나 가족에게 변고가 생겨 원고가 늦어지고 있다는 경우
-회사나 다른 곳의 일정이 겹쳐 원고 집필이 늦어진다는 경우
-원고 집필이 안 되어 늦어지고 있다는 경우
-완성도를 높이기 위해 시간이 좀 더 필요하다는 경우

작가와 [출판권 설정 계약서]를 작성하면 업무의 끝이 아니라 시작이라는 생각으로 원고 진행을 점검하고 소통하자. 그리고 도울 수 있는 부분이 있다면 돕도록 하자.

출판기획의 한계를 넘어

35-2. 점검과 독촉의 경계선

작가의 원고 작업에 있어서 탈고일 전에 담당자는 진행되는 일정을 파악하고 확인하는 작업을 게을리하면 안 된다. 출판사는 한 해의 출간 일정이 있다. 그 일정에 맞추어 책이 출간되어야 경영자는 물론 일하는 모두에서 도움이 된다. 신간이 몰리거나 건너뛴다면 전체 일정에 차질이 생기기 때문이다. 그러므로 작가가 원고의 탈고 일을 지킬 수 있도록 독촉이 아닌 점검 차원에서 연락해야 한다.

필자의 경우 다음과 같이 작가에게 연락한다.
'작가님 더운 여름에 작업한다고 고생이 많으시죠.'
또는
'작가님 어떻게 지내시나요? 날씨가 많이 살살해졌어요.'라고 말이다.
그러면 작가들은 대부분 다음과 같이 답장이 온다.
'일정에 맞추어 원고 작업 잘하고 있어요.'
또는
'탈고일 안에 꼭 마무리하려고 합니다.'라고 말한다.

작가에게 원고 탈고의 압박을 주지 않는 선에서 일정을 확인해야 한다. 독촉이 아닌 점검의 차원이라는 것을 작가가 이해할 수 있는 선에서 해야 한다.

작가가 원고 작업을 하는 동안 다른 작가의 신간이 나오면 그 신간을 보내주는 것도 좋은 동기부여의 한 방법이다. 작가가 계약한 날짜에 탈고가 되도록 살피는 것 또한 출판기획자 또는 출판편집자의 업무 중 하나라고 본다.

35-3. 작가와의 관계는 어떻게

작가와의 관계는 어떻게 해야 하는지 알아보겠다. 작가와의 관계는 계약과 동시에 시작된다. 하지만, 책이 출간되고 나서부터가 진정한 관계의 시작이라고 본다.

계약 전에는 상호 합의에서 일정들이 진행되었다. 그것은 계약에 의한 것이므로 상호 간에 지키지 않으면 안 되는 약속 같은 것이었다.

책이 출간된 후부터가 진정한 관계의 시작이라고 생각한다.

책이 나왔으니 작가 증정본을 보내야 한다. 작가 증정본을 보낼 때 최근 나온 다른 작가의 책도 선물로 함께 보내자. 작가에게 도움이 되는 책이면 금상첨화다.

책이 나왔으니 홍보용 이미지, 3D 표지, 평면 표지 등을 만들 것이다. 작가에게 모두 보내주자. 그리고 신간 보도자료가 완성되면 그것도 함께 보내자. 책 홍보에 최선을 다하고 있음을 보여주자.

　　　　　　　　　　　출판기획의 한계를 넘어

가능하다면 작가를 만나 신간을 주면서 함께 식사도 하고 차도 마시자. 작가에게 그동안의 작업과정을 이야기하며 자연스럽게 함께 홍보하기로 약속도 하자. 작가의 요청사항이 있는지 잘 듣고 할 수 있는 것이라면 즉시 처리하자. 홍보에 도움이 되는 지인이나 기자들에게 책을 보내달라고 하면 주소를 받아서 출판사에서 증정본으로 해서 발송하자. 출판사와 작가 모두 책을 많이 판매하고 싶다. 같은 마음이다. 서로 의논해서 진행하자.

시간이 흘러 판매된 책에 대한 정산일이 되면 정산보고가 잘 이루어지는지 꼭 파악하자. 가능하면 언제 정산이 되고 작가 인세는 언제 지급되는지도 작가에게 이메일로 알려주는 관리가 필요하다.

부록

많은 인생의 실패자들은 포기할 때
자신이 성공에서 얼마나 가까이 있었는지 모른다.

- 토마스 에디슨 -

01

출판기획자가 알아야 할
문장부호와 교정부호

작가에게 받은 원고를 보다 보면 '한글 맞춤법'이 필요함을 느끼게 된다. 출판기획자가 알아두면 좋은 문장부호와 교정부호에 대해 알아보겠다.

다음은 '한글 맞춤법'의 부록에 수록된 '문장부호' 중에서 가장 많이 사용되는 부분을 발췌한 것이다. 더 자세한 사항은 국립국어원의 한글 맞춤법을 참고하기 바란다.

1-1. 문장부호

문장부호는 원고에서 문장의 구조를 드러내거나 작가의 의도를 전달하기 위해 사용하는 부호이다.

문장부호의 이름과 사용법은 다음과 같다.

문장 부호	종류	설명
마침표	온점(.) 고리점(°)	– 가로쓰기에는 온점을, 세로쓰기에는 고리점을 쓴다. – 서술, 명령, 청유 등을 나타내는 문장의 끝에, 아라비아 숫자만으로 연월일을 표시할 때 등에 쓴다.
	물음표(?)	– 직접 질문을 하거나 특정 어구 또는 그 내용에 대하여 의심이나 빈정거림, 비웃음을 표시할 때, 적절한 말을 쓰기 어려울 때 쓴다.
	느낌표(!)	– 감탄사나 종결 어미 다음에 쓰거나 강한 명령문 또는 청유형 등에 쓴다.
쉼표	반점(,) 모점(、)	– 가로쓰기에는 반점, 세로쓰기에는 모점을 쓴다. – 같은 자격의 어구가 열거될 때, 짝을 지어 구별할 필요가 있을 때, 바로 다음 말을 꾸미지 않을 때, 대등하거나 종속적인 절이 이어질 때 등에 쓴다.
	가운뎃점(·)	– 쉼표로 열거된 어구가 다시 여러 단위로 나뉠 때, 같은 계열의 단어 사이 등에 쓴다.
	쌍점(:)	– 내포되는 종류를 열거할 때, 시(時)와 분(分), 장(章)과 절(節) 따위를 구별할 때 등에 쓴다.
	빗금(/)	– 대응, 대립하거나 대등한 것을 함께 보이는 단어와 구, 절 사이 또는 분수를 나타낼 때 쓴다.
따옴표	큰따옴표(" ") 겹낫표(『 』)	– 가로쓰기에는 큰따옴표, 세로쓰기에는 겹낫표를 쓴다. – 글 가운데서 직접 대화를 표시할 때, 남의 말을 인용할 때 등에 쓴다.
	작은따옴표(' ') 낫표(「 」)	– 가로쓰기에는 작은따옴표, 세로쓰기에는 낫표를 쓴다. – 따온 말 가운데 다시 따온 말이 들어있는 경우, 마음속으로 한 말을 적을 때 등에 쓴다.

묶음표	소괄호(( ))	– 원어, 연대, 주석, 설명 등을 넣을 때, 빈자리임을 나타낼 때 등에 쓴다.
	중괄호({ })	– 여러 단위를 동등하게 묶어서 보일 때 쓴다.
	대괄호([ ])	– 묶음표 안의 말이 바깥말과 음이 다를 때, 묶음표 안에 묶음표가 있을 때 등에 쓴다.
이음표	줄표(—)	– 문장 중간에 앞의 내용에 대해 부연하는 말리 끼어들 때, 앞의 말을 정정 또는 변명하는 말이 이어질 때 등에 쓴다.
	붙임표(-)	– 사전, 논문 등에서 합성어를 나타낼 때, 접사나 어미임을 나타낼 때, 외래어와 고유어 또는 한자어가 결합할 때 등에 쓴다.
	물결표(~)	– 어떤 말의 앞이나 뒤에 들어갈 말 대신 쓴다.
(안)드러냄표	드러냄표(˙, ˚)	– 문장 내용 중에서 주의가 미쳐야 할 곳이나 중요한 부분을 특별히 드러내 보일 때 쓴다.
	숨김표(××, ○○)	– 금기어나 공공연히 쓰기 어려움 비속어의 경우, 비밀을 유지할 사항의 경우에 쓴다.
	빠짐표(□)	– 옛 비문이나 서적 등에서 글자가 분명하지 않을 때, 글자가 들어가야 할 자리를 나타낼 때 쓴다.
	줄임표(……)	– 할 말을 줄였을 때, 말이 없음을 나타낼 때 쓴다.

1-2. 교정부호

원고를 교정하다 보면 원고 내용을 다음 페이지로 보내거나 빼거나 등의 이동과 삭제, 첨삭 등의 작업을 한다. 이러한 작업은 단순히 교정부호를 알고 있다고 실전에서 바로 사용할 수 있는 것은 아니다. 여러 번의 교정작업을 하면서 각각의 부호들에 대한 사용법을 익힐 수 있다고 본다.

자주 사용하는 교정부호가 있는가 하면 가끔 사용하는 교정부호가 있다. 자주 사용하는 것은 손에 익어서 자주 사용한다. 출판기획자가 꼭 알아두면 좋을 교정부호를 다음 페이지에 정리해두었다.

이 내용을 계약한 작가에게도 공유해서 교정지를 볼 때 다음의 교정부호를 사용해서 교정지에 빨간펜으로 교정을 봐 달라고 하면 디자이너가 수정 작업을 할 때 좀 더 편하다. 일종의 교정 약속으로 보면 좋겠다.

'이 교정부호는 이렇게 수정해 주세요.'라고 말이다.

다음은 대표적인 교정부호를 설명한 것이다.

출판기획의 한계를 넘어

교정부호	기능	교정 전	교정 후
∨	사이 띄우기	기획의∨결과는 스테디셀러로	기획의 결과는 스테디셀러로
⌒	붙이기	기획의 결 과는 스테디셀러로	기획의 결과는 스테디셀러로
⌒⌒	삭제하기	기획의 결과는는 스테디셀러로	기획의 결과는 스테디셀러로
⌐	줄 바꾸기	말한다. 다음과 같은 결과는	말한다. 다음과 같은 결과는
⌇	줄 잇기	기획의 결과는 스테디셀러로 말한다	기획의 결과는 스테디셀러로 말한다
⌣	삽입	스테디셀러로 기획의 결과는 말한다	기획의 결과는 스테디셀러로 말한다
ℰ	수정	기획의 결과는 스테디셀러말한다 로	기획의 결과는 스테디셀러로 말한다
∽	자리 바꾸기	스테디셀러로 기획의 결과는	기획의 결과는 스테디셀러로
⌐	들여쓰기	기획의 결과는 스테디셀러로 말한다	기획의 결과는 스테디셀러로 말한다
⌐	내어쓰기	기획의 결과는 스테디셀러로 말한다	기획의 결과는 스테디셀러로 말한다
⊓	끌어 내리기	결과는 기획의 스테디셀러로	기획의 결과는 스테디셀러로
⊔	끌어 올리기	기획의 스테디셀러로 결과는	기획의 결과는 스테디셀러로
>	줄 삽입	기획의 결과는 스테디셀러로 말한다	기획의 결과는 스테디셀러로 말한다
生	원래대로 두기	기획의 결과는 스테디셀러로 말한다	기획의 결과는 스테디셀러로 말한다
⌒	글자 똑바로 하기	기획의 결과는 스테디셀러로 말한다	기획의 결과는 스테디셀러로 말한다
⋎	2글자 간격 띄우기	기획의 결과는 스테디셀러로	기획의 결과는 스테디셀러로
8 >	2줄 띄우기	기획의 결과는 스테디셀러로 말한다	기획의 결과는 스테디셀러로 말한다

02

출판기획자가 알아두면 좋은
그래픽 프로그램 소개

　작가에게 받은 원고를 편집하다 보면 그림 파일을 삽입하거나 화면을 캡처하거나 그림 파일을 이어붙이기, 분할하기 등의 작업을 간단하게 할 경우가 있다.

　이때 알아두면 좋은 그래픽 프로그램인 알씨, 스네그잇, 포토스케이프에 대해 간략히 알아보겠다.

2-1. 알씨

　알씨(Alsee)는 JPG, TIF, BMP, GIF, PSD 등 24종의 이미지 보기 기능을 지원한다. 그리고 자동 회전, 일괄 편집, 꾸미기 등의 작업이 가능하다. 특히 이미지를 이용한 간단한 동영상 만들기 기능이 있다.

이미지 보기 기능

크게 보기, 연속보기, 전체 화면 보기, 목록 보기, 여럿 보기, 사진 자동 회전 보기, 압축파일 이미지 보기 등 다양한 보기 옵션을 통해 이미지를 볼 수 있다.

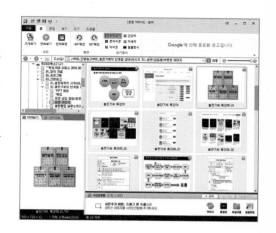

이미지 꾸미기

선택한 이미지를 꾸미려면 [도구]-[꾸미기(이미지 꾸미기)]를 선택한다. 새로 나타나는 [알씨 꾸미기] 화면에서 이미지 꾸미기 작업을 하면 된다. 여기서 이미지의 자르기, 색 조절, 말풍선, 액자 등의 이미지 꾸미기 기능을 이용해서 이미지를 꾸밀 수 있다.

이미지 포맷 변환

간혹 저장한 이미지의 파일 포맷(확장자)을 변경해야 하는 경우가 있다. 이때에는 [도구] 메뉴에서 [포맷 변환]을 선택하면 나타나는 [이미지 포맷 변환] 화면에서 원하는 파일 포맷으로 변경할 수 있다.

이미지 크기 변경

용량이 큰 이미지 파일을 자신이 원하는 크기의 용량으로 줄이고 싶을 때 사용된다. 이때 [도구] 메뉴에서 [크기 변경]을 선택하면 나타나는 [이미지 크기 변경] 화면의 [해상도로 조절하기] 항목에서 이미지의 가로 px나 세로 px를 입력해서 변경해 준다.

[해상도로 조절하기] 항목에서 [크기에 비례]를 선택해 두면 가로 px만 변경하면 자동으로 세로 px가 변경된다.

동영상 만들기 기능

이미지 파일들을 이용해서 움직이는 동영상 파일도 만들 수 있다.

동영상 파일로 만들 이미지들을 마우스를 이용해서 [사진 보관함]에 모두 담자. 그런 다음 [동영상] 버튼을 선택한다. [동영상] 만들기 버튼을 선택하면 [알씨 동영상 만들기] 화면이 나타난다. 여기서 동영상의 크기와 화질을 선택한 후 [다음] 버튼을 선택한다.

[알씨 동영상 만들기] 화면에서 동영상에 음악 파일을 삽입하려면 음악(MP3, WAV)을 삽입해 준다. 그리고 재생 시간 설정(사진 1장당 넘어가는 시간)도 해준다. 작업이 다 되었으면 [다음] 버튼을 선택한다. 적당한 [화면 전환 효과]와 [액자 효과]를 설정한 후 [다음] 버튼을 선택한다.

동영상의 타이틀을 입력할 수 있으며 각각의 화면마다 자막을 넣을 수 있다. 그리고 엔딩 화면도 설정할 수 있다. 작업이 다 되었으면 [만들기] 버튼을 선택한다. [만들기] 버튼을 선택하면 동영상 파일을 저

출판기획의 한계를 넘어

장한 위치를 묻는다. 적당한 폴더를 지정하고 파일 이름을 입력한 후 [저장] 버튼을 선택하면 모든 작업이 끝난다.

2-2. 스네그잇

스네그잇(SnagIt)은 1990년 처음 발표되어 지금까지 꾸준히 성능 개선을 하고 있는 캡처 프로그램이다.

이 프로그램은 단순한 화면의 캡처뿐만 아니라 텍스트 또는는

움직이는 화면의 캡처까지 가능한 캡처 프로그램이다. 캡처(Capture), 편집(Edit), 구성(Organize)으로 구분되어 있다.

필자의 경우에는 이미지 파일 캡처 용도로 주로 사용하고 있다. 캡처(Capture, 갈무리)는 크게 화면 내의 윈도(창)와 화면 내의 특정 부분을 캡처할 수 있다.

화면 내의 윈도(창) 캡처

화면 내의 윈도(창)를 캡처하려면 [창을 파일로]를 선택한 후 [갈무리] 버튼을 선택하면 된다.

화면 내의 특정 부분 캡처

화면 내의 특정 부분을 캡처하려면 [영역을 파일로]를 선택한 후 [갈무리] 버튼을 선택하면 된다. 그러면 [스네그잇 갈무리 미리 보기] 화면이 나타난다. 여기서 [따로 저장] 버튼을 선택한다.

[다른 이름으로 저장] 화면이 나타나는데 파일을 저장할 적당한 폴더를 선택한다. 그런 다음 저장할 [파일 형식](보통 JPG나 TIF로 저장)을 선택하고 [파일 이름]을 입력한 후 [저장] 버튼을 선택한다. 지정한 이미지 파일 형식으로 입력한 파일 이름으로 저장이 된다. 해당 폴더에 잘 저장되었는지 확인한다.

2-3. 포토스케이프

포토스케이프는 사진(이미지)을 쉽게 보정, 편집하는 편집 프로그램이다. 사진(이미지)을 한눈에 보는 기능, 크기와 밝기 그리고 색상 조절을 하는, 사진 편집 기능, 여러 장의 사진을 한 장으로 이어 붙이기 기능, 한 장의 사진을 여러 장으로 분할하는 기능, 화면을 캡처해서 편집하고 저장하는 기능, 움직이는 GIF 애니메이션 파일을 만드는 기능 등이 있다.

198

이어붙이기

사진(이미지)을 원하는 방향으로 이어붙이기가 가능하다.

메인 화면에서 [이어붙이기]를 선택하면 나타나는 작업 화면에서 작업한다. [사진 추가] 버튼을 눌러 이어붙이기 작업을 할 사진(이미지)들을 가져온다.

사진(이미지)들을 다 가져왔다면 사진들을 밑으로, 옆으로, 바둑판으로 이어붙일지를 선택한다. 외부 여백과 사진 간격이 필요하면 필요한 숫자를 입력하면 된다. 모든 작업이 끝나면 [저장] 버튼을 선택해서 적당한 폴더에 저장하면 된다.

GIF 애니메이션

같은 크기의 사진(이미지)을 이용해서 움직이는 GIF 파일을 만들 수 있다.

메인 화면에서 [GIF 애니메이션]을 선택하면 나타나는 작업 화면에서 작업한다. [사진 추가] 버튼을 눌러 애니메이션 작업을 할 사진(이미지)들을 가져온다. [시간 표시 변경]에서 사진과 사진 사이의 시간 간격을 설정해 준다.

설정 작업이 끝나면 [저장] 버튼을 선택해서 적당한 폴더에 저장하면 된다. 움직이는 배너를 만드는 데 유용한 기능이다.

절대로 포기하지 말자.

절대로 포기하지 말자.
포기하기 때문에 실패를 한다고 하지 않는가?
되면 되고 안되면 그만이라는 생각을 하지 말고 무조건 된다는 생각으로 하자. 실패한다면 그 실패를 출판기획자로 성장하는 하나의 과정이라고 생각하자. **그렇게 보면 성공과 과정만 있는 것이다. 즉, 실패는 없다.**

대박 친 출판사가 계속 대박을 치면서 출판사를 운영하는 것도 아니다. 지금은 힘들지 몰라도 참고 기다리다 보면 좋은 작가를 만나는 날이 올 것이다. 나에게 올 한 번의 기회를 놓치지 않기 위해 오늘도 최선을 다하는 하루가 되자.
조급함은 잘못된 선택을 하게 하므로 자신의 마음을 잘 조절하자.

항상 편안한 마음으로 자신만의 의지를 품고 출판기획에 전념하자.
나 자신을 믿고 나아가자.

필자는 출판사 창업 초기에 가끔 힘이 빠질 때면 필자의 둘째 아들이 그린 그림을 보고 힘을 내곤 했었다.

절대로 포기하지 말자

Never ever give up

▲ 절대로 포기하지 말자

'아들들에게 행복한 가정을 잘 유지하도록 해야지.'

절대로 포기하지 말자.
끝까지 가보자.

참고도서

『출판기획 실무노트』(2011년, 김재형 저, 투데이북스)

『출판편집 실무노트』(2012년, 배경희, 안종군 공저, 투데이북스)

『출판마케팅 실무노트』(2012년, 이시우, 천정한 엮음, 투데이북스)

『문장 다이어트 레시피』(2016년, 안종군, 이시우 공저, 투데이북스)

『출판제작 가이드북』(2017년, 이시우 저, 투데이북스)

『출판 고수 정리노트』(2017년, 이시우 저, 투데이북스)

『내 출판사 창업 성공하기(개정판)』(2019년, 이시우 저, 투데이북스)

『출판기획의 시작』(2020년, 김재형, 이시우 공저, 투데이북스)

『기업 문서 제대로 고쳐쓰기』(2020년, 박기원 저, 투데이북스)

『출판편집의 시작』(2021년, 배경희 저, 투데이북스)

출판기획의 한계를 넘어

출판
기획의
한계를
넘어